ORDRE DU JOUR

POUR 1834,

A la Grande Armée royaliste.

PARIS.—IMPRIMERIE-LIBRAIRIE DE G.-A. DENTU,
RUE D'ERFURTH, N° 1 *bis*.

ORDRE DU JOUR

POUR 1834,

à la Grande Armée royaliste.

PAR M. CHAUVIN-BEILLARD.

Elle (la loi de monopole électoral) prive de leurs droits
l'immense majorité des Français ; et par une bizarrerie sans exemple,
elle enrôle la démocratie
en un corps aristocratique de quatre-vingt mille électeurs.

M. DE CHATEAUBRIAND, *Conservateur,* 1819.

Paris,

CHEZ G.-A. DENTU, IMPRIMEUR-LIBRAIRE,
rue d'Erfurth, n° 1 *bis;*

ET PALAIS-ROYAL, GALERIE VITRÉE, N° 13.

—

1834.

CHAPITRE Ier.

> Nous ne sommes pas, comme il le semble
> à plusieurs, à une époque de révolution par-
> ticulière, mais à une ère de transformation
> générale.
>
> (M. DE CHATEAUBRIAND.)

> Chez un peuple lettré, une révolution n'est
> autre chose que la société en travail pour
> enfanter la vérité.
>
> (M. DE BONALD.)

LES trois années qui viennent de passer,
ont jeté des flots de lumière au sein des partis qui tenaient depuis si long-temps la
France divisée. Aussitôt que les hommes de

gauche n'ont plus été les maîtres dans la Constitution de 1830, qu'ils avaient faite pourtant; à peu près comme les hommes de droite s'étaient trouvés un beau jour dépossédés par le jeu constitutionnel de 1814, qu'ils avaient accepté tout au moins; les hommes de gauche, disons-nous, ont commencé à comprendre qu'autre chose est la pensée véritable d'un parti, autre chose est sa forme constitutionnelle, sa conduite politique. Il est très-vrai qu'à considérer uniquement la tendance extérieure du parti royaliste en juillet 1830, on pouvait dire qu'il allait au despotisme royal. Il n'est pas moins vrai qu'à juger par les discours et les actes de la gauche, depuis le 13 mars particulièrement jusqu'au Compte-Rendu et à la Journée du 6 juin, on serait fondé à soutenir que le parti libéral tendait à l'anarchie populaire.

Cela s'explique. En renouvelant de jour en jour, avec plus de vivacité, leur appel au roi pour la défense de sa prérogative, les hommes de droite semblaient, à la fin, voués au triomphe exclusif du gouvernement royal;

par delà même les droits politiques et les libertés du pays. Les hommes de gauche qui, dans ces derniers temps, en étaient venus à s'adresser directement au peuple, pour que force restât à sa volonté, ne paraissaient guère moins résolus à faire prévaloir l'intervention populaire contre les principes mêmes de l'ordre public en France. Ce qu'il faut avouer d'ailleurs, c'est que l'opinion une fois irritée, de l'un ou l'autre côté, a pu, a dû peut-être ne plus reculer devant des actes bien réellement hostiles et attentatoires, soit à l'ordre, soit à la liberté. La nature humaine est ainsi faite, des partis comme des individus ; et de telle sorte qu'au point culminant de la passion politique, tantôt l'on frappe des coups d'Etat et l'on déclare le pouvoir constituant, tantôt l'on se met en insurrection et l'on proclame le peuple souverain. Ce sera, dans notre histoire, le rare privilége de quelque beau génie isolé, de quelque grand caractère à part, de ne s'être point commis en ces luttes indues, en toutes ces violences illégitimes au même titre.

Était-ce à dire pour cela que les ordonnances de juillet fussent la pensée politique
de la droite, ou les barricades de juin la pensée politique de la gauche? Se pouvait-il
bien, au fond, que les deux grands partis
qui composent, à vrai dire, toute la population de ce noble pays de France; se pouvait-il que le parti royaliste et le parti libéral n'eussent voulu tour à tour, l'un qu'un
absurde despotisme, et l'autre qu'une into-
lérable anarchie? Notre patrie, si glorieuse
autrefois, ne portait-elle plus en son sein
qu'un troupeau d'imbécilles ou de furieux?
car telle était l'inexorable conclusion des
faits. Il est incontestable, en effet, que
l'insurrection du 6 juin a abattu la gauche,
comme le coup d'État du 27 juillet a pesé
sur la droite. La royauté *élue* du parti libéral; c'était sa Charte constitutionnelle, acceptée et jurée aussi, et qui désormais lui
était un insurmontable obstacle.

Peut-être ne fallait-il pas moins que cette
identité de position aux hommes de la droite
et aux hommes de la gauche, pour reconnaî-

tre que les actes politiques d'un parti ne ré-
pondent pas toujours à ses principes. Mais
quelle est donc cette terrible colère qui s'est
comme saisie fatalement, à vingt mois d'intervalle, des deux grandes opinions du pays,
pour la ruine de l'une et de l'autre? Ou je
me trompe beaucoup, ou cette double et pareille catastrophe enferme de graves et pro-
fonds enseignemens.

Au vrai, que demandait la gauche? que
le peuple eût sa part d'influence dans des
affaires qui le concernent, que sa volonté fût
comptée pour quelque chose dans l'Etat.
Après juillet, où le peuple avait disposé de
tout; ce n'était pas là sans doute une prétention bien exagérée. Mais sur quoi la volonté
de chacun se devait prononcer, et comment
s'exercerait toute cette action populaire; c'é-
tait de quoi la gauche n'avait peut-être pas
suffisamment conscience. Ainsi, elle avait à
peu près adhéré au cens de 200 fr., qui avait
dès l'abord grévé l'électorat; espérant, on
dirait, que les opinions et les intérêts placés
en dehors de l'établissement légal y trouve-

raient je ne sais quelle vague représentation plus appropriée à leur nature. Car les quinze ans de monarchie constitutionnelle, selon la Charte de Louis XVIII, n'avaient laissé sur ce point qu'obscurité et confusion générales. La lutte en effet n'avait été engagée depuis 1814, qu'entre les Censitaires qui forment en France la classe moyenne; et la Couronne, l'ancienne royauté restaurée. Et comme le gouvernement de roi qui avait place dans les souvenirs de la génération actuelle, était le despotisme de Louis XIV, bien plus que le règne libéral de Louis XVI; la question s'était posée et débattue sur le terrain d'une *représentation* quelconque contre la monarchie non représentative, bien plus que sur le terrain, seul rationnel pourtant, d'une représentation bonne ou mauvaise, vraie ou fausse du pays. C'est pourquoi, la Charte et les lois ayant fait la représentation d'une certaine façon, on s'était pris à défendre cette représentation-là, comme l'on en eût défendu une autre. Il y a un mot fameux qui résume très-bien toute l'intelligence politique de l'opposition de quinze ans : LA CHARTE, RIEN QUE LA CHARTE, TOUTE LA CHARTE.

Dans cet état de choses que les pavés de juillet n'avaient pas éclairci, la gauche se posait donc tant bien que mal pour le principe représentatif. L'ancienne royauté vaincue et retournée en exil, le parti libéral crut à jamais renversé le seul obstacle à la représentation nationale, et le fit bien voir par sa débonnaireté vis-à-vis de la royauté nouvelle. Mais à peine la Chambre de 1831 eut fonctionné quelques mois, que les habiles de la gauche s'aperçurent de leur méprise. Evidemment, le peuple n'était pas mieux représenté, l'opinion n'était pas plus satisfaite. Il y eut là un vif et cruel désappointement pour tous les hommes de conviction et de sincérité. Long-temps ils demandèrent qu'on écoutât les masses restées hors la loi, comme si ç'avait été chose convenue, et un article secret de la Monarchie des Barricades. Ce fut en vain. La gauche a été amenée par-là à reprendre ses positions parlementaires, si formidables contre la restauration ; mais elle en a été délogée presque aussitôt par la majorité la plus compacte qui se soit jamais vue. Recommençant alors cette petite guerre qui lui avait si bien réussi pendant quinze ans, elle appela le peuple dans la rue, n'ayant su le faire entrer dans les colléges électoraux; mais l'émeute fut domptée, comme l'opposition avait été défaite. La gauche enfin eut beau évoquer tous les Mânes de juillet, épuiser tout l'art des prosopopées politiques, le gouvernement continua de marcher dans ses voies, comme un homme qui connaît sa force et ne s'inquiète de rien. Le Compte-Rendu n'y fit pas plus que les Protestations.

Et de quoi s'inquiéter, en effet? Le monopole électoral régnait toujours, consolidé encore par la loi de 1831, qui y avait fait entrer cent cinquante mille votes au lieu de quatre-vingt mille. Non seulement le principe représentatif n'avait rien gagné à la déchéance de l'ancienne dynastie, mais il avait perdu tout ce qu'il faut accorder à la nature et aux besoins d'une dynastie nouvelle. Le parti libéral n'avait été puissant que par la

Charte, et maintenant la Charte lui était contraire. Il avait eu dans ses rangs la classe moyenne, exclusivement investie de la représentation nationale, et il s'en était fait une arme terrible; cette arme à présent était retournée contre lui. Le parti libéral avait ainsi défendu et fait vaincre, comme étant le principe représentatif, un principe qui précisément excluait la représentation vraie du pays. Il avait en un mot introuisé le monopole à la place du droit; de sorte qu'il lui fallait désormais combattre contre la loi. C'est là qu'il devait se briser. Si les insurgés de juin avaient eu dans la Chambre une majorité qui répondît à leur pensée, nul doute qu'ils n'eussent vaincu comme les combattans du Louvre et de l'Hôtel-de-Ville. Ils n'ont donc été défaits dans la rue, que parce que déjà ils étaient vaincus dans les lois.

Le droit royal n'avait pas péri autrement que le droit populaire.

Au fond, que demandait le parti royaliste sous la restauration? que le roi exerçât librement sa prérogative, ou si l'on veut, gouvernât dans le sens de sa volonté propre; car il ne faut pas équivoquer sur les mots. Or, cela est de rigueur en toute monarchie, et pouvait bien s'admettre en France, où le roi venait d'*octroyer* la Charte. Mais comment le roi assurerait sa volonté et ferait prévaloir son gouvernement; c'est de quoi la droite n'avait peut-être pas non plus suffisamment conscience. Le parti royaliste était plus préoccupé d'attaques violentes et armées comme celles de la Révolution et des Cent-Jours, que d'usurpations légales et régulières comme celles des Cours de justice au seizième siècle. C'est pourquoi l'on songeait plutôt à défendre et à sauver le trône, qu'à définir et organiser la prérogative. Autrement, l'on se fût aperçu que l'action du principe monarchique serait empêchée par la Charte censitaire et les lois de monopole électoral. C'est qu'en effet l'électorat à cent écus constituait une petite nation dans la grande, et donnait au royaume de France des proportions qui appelaient le gouvernement républicain. Il se comprend qu'une population de quatre-vingt mille citoyens actifs, trouve la royauté un rouage inutile et coûteux. Ce petit peuple-là a beau être ami de l'ordre et de la paix; cela ne fait pas qu'il ne doive aspirer à faire ses affaires lui-même et à exclure en définitif le gouvernement de roi.

C'est ce qui a bien paru à la *Prérogative* restée nominale pendant quinze ans, et à la Chambre faisant et défaisant ses lois organiques. La Charte ayant exclu de l'électorat tout ce qui ne payait pas cent écus d'impôt, il demeurait loisible et constitutionnel de rétrécir ce cadre électoral, mais non pas de l'agrandir. On pouvait à la rigueur demander plus de cent écus, mais on sortait de la Charte en exigeant moins; voilà pourquoi plusieurs tentatives parlementaires ont été dirigées par des hommes de la droite, dans un sens plus olygarchique encore que le monopole établi. Le parti royaliste n'avait pas le choix des moyens de réforme; d'où il suit que la droite ne se posait point contre une représentation plus vraie, plus étendue; mais contre la représentation de la classe moyenne, qui menait à la république. Mieux valait en effet un corps aristocratique de grands propriétaires qui conservât la monarchie! Encore fût-on arrivé par-là à asseoir le fauteuil d'un doge, plutôt que le trône d'un roi. N'était-ce pas la démocratie athénienne remplacée par le sénat de Venise? Tout l'art politique ne saurait changer la nature des choses. Partout où un petit nombre de citoyens jouira des droits politiques, quel que soit le nombre des *ilotes* de cette organisation sociale, il y aura tendance républicaine. Si Rome eût admis tout le monde dans ses comices, le peuple romain n'eût pas cessé de vivre en monarchie.

Quoi qu'il en soit, la droite se posait donc pour la royauté, contre la représentation non monarchique; mais il faut le dire, sans avoir plus d'idées arrêtées ni de parti pris sur l'*absolu de la prérogative*, que la gauche n'en avait sur le *vrai de la représentation*. Il semblait même que le parti royaliste fût assez content, si la machine représentative, telle quelle, n'empêchait pas le principe monarchique. La classe moyenne d'ailleurs, par les sentimens qu'elle avait manifestés à la restauration, ses habitudes de prudence bien connues et tous ses intérêts engagés dans le nouvel ordre politique ; la classe moyenne avait fini par inspirer une grande confiance à une partie d'entre nous. Bon nombre de royalistes y virent, tout au moins, une garantie certaine contre la révolution et ses partisans qui s'étaient montrés de nouveau. Malheureusement la légitimité revenue de l'exil avait parmi nous des désavantages de position que rien ne pouvait racheter. Les hommes de la droite qui, en 1815, attaquèrent le Cens politique, et voulurent dès lors une représentation vraie, sont restés méconnus jusqu'après la catastrophe (1). M. de Cha-

______

(1) C'est à revenir de bien loin sur le compte des honorables membres de la majorité de 1815; quand on lit les paroles suivantes, si profondément libérales, d'une opinion de M. de Bonald sur les élections : « *De* « *minoribus rebus principes consultant, de majo-* « *ribus omnes*, dit Tacite. Ce beau système de gou- « vernement, dont la commune est le fondement, a

teaubriand a long-temps répété en vain, au sujet de la loi de monopole électoral, *que ceux qui avaient fait cette loi, n'avaient pas compris que la monarchie tout entière*

« a été trouvé dans les bois, dit Montesquieu. Et remar-
« quez, messieurs, que la commune est un corps plus
« réel, plus solide, plus visible que le département ou
« le royaume, qui sont plutôt des corps moraux.
« Comme ces trois corps, commune, département,
« royaume, forment le corps politique, l'Etat tout
« entier, il est tout à fait naturel que, dans la manière
« de composer la REPRÉSENTATION UNIVERSELLE DE
« LA NATION, les mêmes corps participent, dans le
« même ordre, à la députation. Ainsi la commune
« députe au département, le département députe au
« royaume ; système d'élection analogue et complet,
« motif profond et naturel des deux degrés d'élection
« que la raison approuve, que la politique conseille et
« que la Charte permet. Rien n'était plus simple que
« cette théorie : il fallait considérer chaque commune
« comme un seul propriétaire (et c'est ainsi que le
« gouvernement les considère toutes, puisque l'impôt
« foncier se paie par commune), et voir dans toutes
« des propriétaires, sinon égaux en possession, du
« moins semblables en droits et en dignité. C'était ho-
« norer la nation jusque dans ses plus humbles en-

pouvait être reconstruite dans une loi d'é-
lection (1).

En cet état, la bonne harmonie se main-
tint entre la prérogative et la Chambre, aussi
long-temps que le prince et la majorité furent
du même avis sur les affaires du royaume.
Mais au premier conflit d'opinion, la lutte se
trouva engagée, non pas entre le principe
représentatif et aucune prétention consultative, mais radicalement entre la république
et la monarchie. On reconnut bien alors que
le prince n'avait ni recours ni point d'appui
dans le monopole; et la question de gouvernement était résolue d'avance par la nature
olygarchique du corps électoral. En d'autres termes, la révolution avait prévalu dans
les lois, contre le principe de royauté. La
représentation occupait toutes les positions

« fans, et relever aux yeux de chaque citoyen l'im-
« portance de la corporation à laquelle il appartient,
« que d'établir entre toutes les communes une égalité
« politique, comme il y a entre tous les hommes une
« égalité naturelle. »

(1) *Conservateur,* 1819.

légales du gouvernement; elle représentait et gouvernait, elle était peuple et roi. Aussi, quand le monarque légitime entreprit de vaincre le *refus de concours*, ne put-il combattre qu'en mettant les lois contre lui. C'est pourquoi sa proclamation aux Français fut inutile; et trois jours après les ordonnances, il avait rendu son épée.

Maintenant on peut juger de ce qui a conduit, l'un après l'autre, le roi jusqu'au coup d'état, et le peuple jusqu'à l'insurrection; tout en ne voulant, l'un que le gouvernement monarchique, et l'autre qu'une représentation vraie. En résumé, c'est que la machine représentative du cens légal a dû fonctionner, tour à tour, contre le roi et contre le peuple, jusqu'à exclure la prérogative royale et la volonté du pays. Le gouvernement monarchique ni une représentation vraie n'étant donc compatibles avec une nation de quatre-vingt mille électeurs ni le monopole représentatif de la classe moyenne; une lutte décisive entre le roi et l'électorat, puis entre le peuple et la classe moyenne, était nécessaire et fatale. Non pas, encore une fois, que j'entende défendre ni les ordonnances de juillet, ni les barricades de juin; mais à part même le caractère général des partis, il est juste de reconnaître que la bataille monarchique-parlementaire du 27 juillet était écrite dans la Charte de 1814, comme la bataille représentative-olygarchique (1) l'a été dans la Cons-

(1) Pour qualifier justement la collision du 6 juin, il faut ne pas se laisser préoccuper de *l'opinion* supposée à chaque combattant en particulier. Moi qui ai vu de près ces braves gens à Sainte-Pélagie, je les ai bien entendus se dire républicains et chanter la république. Mais, sans étudier jusqu'à quel point les chefs eux-mêmes du cloître Saint-Merry se trouvaient capables de faire un choix entre la monarchie et le gouvernement, il était bien aisé de reconnaître qu'ils ne s'étaient pas battus pour établir la république ce jour-là. Je ne crois donc pas faire tort à la précision de leurs idées les plus arrêtées au 6 juin, en les comprenant toutes dans la formule où se résumait pour nous la pensée de la gauche militante, depuis M. de Lafayette jusqu'à M. Barrot; à savoir, la pensée de faire prévaloir la volonté du peuple sur la volonté qui s'était déclarée immuable, au 13 mars, en se fixant au juste-milieu.

titution de 1830. Qu'ensuite les passions se soient employées à la double catastrophe, qui songe à le nier? Qu'est-ce donc qu'un parti, après tout, si ce n'est un principe servi par des hommes?

Par-là même on voit aisément ce qui a fait le mauvais succès des deux grandes opinions de ce pays, et procuré le triomphe d'une oly-

Que les hommes de juin aient traduit leur pensée sous la forme *d'attentat* que prévoit le Code pénal, tandis que la gauche a publié un compte-rendu hors des atteintes judiciaires; cela ne fait rien au fond des choses. Ce sont des hommes différens qui ont traduit, chacun à leur façon, une pensée identique. Aujourd'hui que l'on peut s'expliquer à cet égard, sans risque de compromettre personne, il est juste de reconnaître que le *compte-rendu et les barricades de juin* étaient de la même famille, ce qu'avaient bien soupçonné du reste et Me Persil et M. Barthe; mais ce qui, en tout cas, ne devait point conduire devant les mêmes juges, les assaillans à l'ordre public dans la rue, et les députés écrivant selon leur droit individuel de communes explications. Au surplus, la portée politique du 6 juin se révèle tout entière par la démarche, aux Tuileries, des trois représentans de la gauche, MM. Barrot,

garchie parlementaire en France. Ce n'est pas l'électorat censitaire qui a vaincu; il s'en faut. Mais l'on se souvient que les hommes de la droite, à force d'en appeler *au roi*, à sa prérogative, semblaient hostiles à la liberté, à tout droit politique. Ils avaient donc contre eux, non seulement la Chambre, mais le

Laffitte et Arago. Il était clair en effet que le succès de la journée, s'il y avait succès, n'amenait qu'un ministère de gauche, avec le commandement des gardes nationales rendu à M. de Lafayette. La gauche se retrouvait, par-là, en position de faire prévaloir la volonté du peuple contre la volonté immuable. Aussi, le succès n'ayant pas eu lieu, ou plutôt un succès contraire étant advenu, c'est la volonté immuable qui a prévalu contre la volonté du peuple; et la gauche a été annulée comme la royauté citoyenne l'eût été en cas de défaite. Pour se bien convaincre de tout ceci, il n'y a qu'à lire la conversation qui s'engagea aux Tuileries entre Louis-Philippe et les trois représentans du compte-rendu; laquelle conversation a beaucoup de variantes, comme on sait, mais dont le sens politique n'a pu être altéré par l'*éditeur royal* lui-même, M. Pepin. (Voyez *Deux ans de règne*, par Alphonse Pepin.)

parti libéral tout entier. L'on n'a pas oublié non plus que les hommes de la gauche, par leurs appels réitérés au peuple, à sa volonté, paraissaient contraires à l'ordre public, favorables à l'anarchie. Aussi avaient-ils à combattre, non seulement les olygarques de la classe moyenne, mais toutes les forces du parti légitimiste. C'est ainsi que le peuple a sorti de ses ateliers au 27 juillet, et que les classes supérieures ont descendu dans la rue au 6 juin. C'est qu'en effet, au 27 juillet, l'établissement parlementaire était le seul droit politique en France; comme au 6 juin, la garde nationale était le dernier représentant de l'ordre public de ce pays. Le peuple s'étant ainsi déclaré contre les soldats du drapeau blanc en 1830, et les royalistes ayant pris parti contre les miliciens du drapeau rouge en 1832; il est clair que le principe monarchique, pas plus que le principe représentatif, n'a été réellement défait par ce qu'on appelle aujourd'hui le *juste-milieu* tout seul. D'où il suit, en définitif, que l'olygarchie parlementaire n'a vaincu qu'à deux contre un ; la première fois en exploitant le principe représentatif contre la monarchie, et la seconde en exploitant le principe monarchique contre la représentation.

C'est de quoi ont été particulièrement frappés les royalistes après l'évènement de juillet, et le parti libéral après l'évènement de juin. Les partis, eux aussi, se battent d'abord et s'expliquent après. Aux deux tribunes et par la presse, les royalistes n'ont cessé de protester depuis juillet, contre les apparences anti-représentatives du coup d'Etat ; le parti libéral a, par les mêmes voies, protesté depuis juin contre les apparences anti-monarchiques de l'insurrection. La droite a désavoué les ordonnances du pouvoir constituant, et la gauche a répudié le drapeau rouge du peuple souverain. MM. de Fitz-James, de Dreux-Brezé, de Noailles, ont continué de défendre, à la Chambre des pairs, le principe représentatif ; comme MM. Laffitte, Barrot, Arago ont persisté, à la Chambre des Députés, dans leur opinion pour une monarchie. Libéraux et royalistes ont dès-lors reconnu, les uns que la droite n'avait point voulu la monarchie consultative; les autres, que la gauche ne demandait pas une représentation anarchiste. Les uns et les autres ont compris enfin que l'œuvre du 27 juillet n'avait répondu à la pensée de la droite, ni plus ni moins que l'œuvre du 6 juin à la pensée de la gauche.

Cela seul a dû éclairer beaucoup la situation royaliste et la situation libérale à l'intérieur du pays. Car il va sans dire que la droite et la gauche étant venues à demander, soit une représentation vraie ou le principe représentatif, soit une monarchie vraie ou le principe monarchique; il n'y aurait pas eu de succès possible, pas de résistance imaginable pour l'électorat constitutionnel ni l'olygarchie censitaire. La proportion des combattans était radicalement changée en effet, la représentation et la monarchie combattaient alors à deux contre un; le parti royaliste et le parti libéral contre les seuls exploitans de monarchie et de représentation. Mais pour des opinions d'honneur et de loyauté, toute cette évidence arithmétique ne suffisait pas encore. Il restait toujours la difficulté capitale; à savoir que la droite n'avait pas jusqu'ici entendu la représentation comme la gauche, ni la gauche entendu le principe monarchique comme la droite; qu'en cet état il pouvait bien y avoir coalition pour écraser le *juste-milieu,* mais non pas alliance pour faire triompher un principe politique. D'où s'élevait un infranchissable obstacle au concours du parti royaliste en particulier; vieux et respectable parti que ses écrivains n'auraient su dresser à la manœuvre des révolutions ni au jeu des comédies politiques.

Cependant la lumière qui avait pénétré et envahi de toutes parts l'exploitation ténébreuse du *juste-milieu,* devait illuminer des mêmes clartés ce qu'il y avait encore d'obscur ou d'indéfini au fond des deux opinions qui résument si bien la France. L'exploitation monarchico-représentative, en réalité, n'est assise que sur les vices ou les fautes du principe monarchique développé, conduit par les hommes de la droite (1), et sur les vices ou

(1) Il n'importe à la rigueur de nos déductions,

les fautes du principe représentatif développé, conduit par les hommes de la gauche. C'est ainsi que le parti royaliste et le parti libéral ont dû juger l'un comme l'autre que l'investiture politique de la classe moyenne, à l'exclusion des autres classes, avait pareillement forfait à la monarchie et à la représentation ; en d'autres termes, que l'électorat des cent écus ou des deux cents francs était la faute radicale des deux côtés. Chaque parti a vu ainsi clairement où il avait forfait à son principe, où il avait failli dans sa conduite. Cela vu, l'élaboration des esprits par tout le royaume ne

que plusieurs hommes de la droite aient vu et signalé les fautes de leur propre parti, les vices de telle ou telle loi organique. Il n'importe pas même que la faute ait été commise par des hommes à qui elle profite aujourd'hui, et par conséquent de faux royalistes. Chaque parti est malheureusement obligé de porter en compte tout ce qui a été fait en son nom ; et, un jour ou l'autre, de solder ce compte-là comme le sien propre. C'est ainsi que nous payons aujourd'hui encore pour les doctrinaires que l'on sait avoir été maîtres des Conseils aux deux Restaurations.

s'est plus rapportée qu'à un nouvel électorat, à une réforme parlementaire. C'est alors seulement que tous les voiles politiques sont tombés, et que les difficultés de la double situation royaliste et libérale ont été aplanies.

Les partis nationaux, comme les peuples primitifs, ont des prophètes et l'on dirait des traditions bibliques qu'ils refusent d'entendre et de suivre, jusqu'à ce que les temps soient venus et les évènemens accomplis. Mais quand la prophétie est vérifiée par la ruine de Ninive, on la recueille avec vénération, on l'interroge, on la scrute désormais comme la source de toute vérité. Si le prophète est vivant, on l'entoure, on le presse, on s'attache à ses pas, on s'incline devant sa face, jusqu'à ce qu'il ait de nouveau révélé l'avenir qu'il connaît. Et s'il parle, il entraîne à sa suite les populations ; et Jérusalem est sauvée ! M. de Chateaubriand avait écrit dans *le Conservateur* qu'il sortirait une révolution de la loi électorale ; la révolution est venue et s'est faite comme il l'avait annoncée. Après cette révolution, nous avons dû subir le long silence du prophète irrité. Mais enfin, pressé de s'expliquer une fois encore sur l'avenir politique de son pays, M. de Chateaubriand a fait entendre ce simple mot d'*Assemblée nationale*, verbe puissant et magique qui a pénétré tous les esprits, et entraîné toutes les convictions du parti royaliste.

C'est qu'en ce nouveau verbe politique, sont comprises également les conditions jusque-là obscures ou indéfinies du principe monarchique, et celles, au même titre, du principe représentatif. Avec une assemblée nationale, en effet, c'est-à-dire la représentation universelle de la France, il y a six millions de citoyens actifs (1) au lieu de cent mille;

(1) Il y a en France de six à sept millions de citoyens. Ces six à sept millions de citoyens *sont de droit électeurs.*

Voici la preuve de l'exactitude du chiffre qui vient d'être établi :

La population générale de la France est de trente-deux millions d'âmes, répartis comme suit :

il y a un organe à chaque intérêt au lieu des organes de la classe moyenne, imposés aux autres classes qui ont des intérêts différens. Or, pour une nation électorale de six mil-

Femmes.	12,800,000
Mâles (au-dessous de 21 ans). . .	10,700,000
Mendians, vagabonds, etc. . . .	2,000,000
	25,500,000
Au-dessus de 21 ans.	6,500,000
Total.	32,000,000

Aux élections universelles de 1789 pour les Etats-Généraux, il y a eu six millions de votans. La population générale était de vingt-quatre millions d'âmes.

Les calculs qui viennent d'être rapportés écartent, comme on voit, toute supposion de *cens*. Depuis l'origine de la monarchie jusqu'à 1789, *il n'en a jamais été question*.

De même à l'égard de l'*éligibilité*, nulle condition de *cens*.

En un mot, tout contribuable était *électeur*, tout électeur était *éligible*.

Voici comment les élections avaient lieu :

Tous les contribuables des provinces se réunis-

lions d'âmes, composée de classes différentes, et chacune d'intérêts contraires; il y a lieu à une monarchie, et c'est là ce qui assure le mieux la liberté, l'intégrité de la préroga-

saient à un jour fixé, ordinairement le dimanche, dans chacune des paroisses, à l'effet d'y rédiger le cahier de leurs plaintes et de leurs demandes, et de nommer des députés pour porter ce cahier et l'appuyer à l'assemblée de la province, c'est-à-dire du bailliage.

Ces députés, *dont le nombre était laissé à la discrétion des votans,* se rendaient au chef-lieu, c'est-à-dire à l'assemblée bailliagère, munis des cahiers de toutes les paroisses du ressort : là, on comptait en commun tous ces cahiers pour en élaborer celui de la province aux Etats-Généraux du royaume. Cela fait, tous les députés des paroisses élisaient les députés de la province à ces mêmes Etats-Généraux, en tel nombre qu'il leur semblait utile, et leur adjoignaient souvent des suppléans.

Voilà dans toute sa pureté le *suffrage universel.*

Toutes les combinaisons mort-nées depuis 89 valent-elles ce mécanisme admirable par sa candeur et sa simplicité?

Et c'est là ce qu'on appelle une *déception* et de la *démagogie!*

tive. Et que les intérêts si nombreux, opposés sur tant de points d'un grand royaume, aient tous chacun leur organe; c'est là précisément, et c'est cela seul qui assure la vérité et l'exactitude dans la représentation du pays. Le principe monarchique et le principe représentatif trouvent donc, je le répète, leur plus sûre garantie, leur plein et entier développement, dans la première représentation qui se pourra faire de tous les intérêts de notre société française. De telle sorte qu'en poursuivant la *réforme parlementaire,* ou la représentation vraie de la France, ou bien comme dit M. de Chateaubriand, une assemblée nationale; les royalistes ne cessent pas de se poser pour le principe monarchique et la Légitime Prérogative. Ils demandent le régime où Louis XVI avait de lui-même remis la France en 1789, avec la révolution de moins, car elle est finie; et de grandes lumières de plus, car elles sont acquises. Ils font ce qu'a été empêchée de faire la Chambre si éminemment royaliste de 1815. Ils recommencent enfin l'œuvre monarchique par son commencement, et obéissent désormais à cette parole trop prophétique de M. de Chateaubriand, que *la monarchie tout entière pouvait être reconstruite dans une loi des élections.*

Aussi bien, sommes-nous de ceux qui croient qu'en l'absence de la légitimité royale, ce qu'il y a de plus pressé pour les royalistes, c'est d'obtenir son retour. Nous eussions d'ailleurs ressenti au plus haut degré, les justes susceptibilités de la droite refusant de laisser passer la représentation avant la monarchie. Pourquoi ne pas le dire même? Entre la gauche et la droite, il n'y avait d'alliance possible que sur une condition, une loi commune au principe monarchique et au principe représentatif. S'il se fût agi ou seulement de de monarchie, ou seulement de représentation; les deux partis n'auraient jamais dû se rencontrer sur la même ligne, posés comme ils sont. Mais le principe monarchique et le principe représentatif devant sortir, au même titre, d'une *assemblée nationale;* l'alliance pour procurer cette assemblée au pays, a été rationnelle et légitime. Alliance, comme on

voit, qui laisse chaque parti sous son drapeau; et par laquelle le parti royaliste prend
position pour son principe, comme le parti
libéral prend position pour le sien. Que s'il
y avait dans la droite, des hommes ayant
pris peur du vote accordé à tous les intérêts
de la France; ce n'est pas au principe représentatif qu'ils feraient tort, c'est à la monarchie
même qu'ils feraient injure. S'ils craignent
que la monarchie vraie ne sorte pas d'une représentation vraie du pays; ils ne montrent
point, en cela, leur défiance de la représentation, mais leur peu de foi au principe monarchique. En deux mots; ou la France est
monarchique ou elle ne l'est pas. Si elle est
monarchique; *représentez-la* donc au vrai,
et la monarchie sera rétablie du même coup.
Si elle ne l'est pas, ou ne l'est point assez en
votre opinion; votre place n'est plus à droite,
mais à la queue des *monarchiens* du 7 août.
Il n'y a que les trafiquans du *milieu* qui,
croyant au fond la France un peu républicaine, entreprennent pourtant de la gouverner sous une autre raison politique.

C'est pourquoi même nous n'avons pas, en tout ce qui précède, nommé le parti républicain. Ses organes les plus habiles et les plus honorables s'étant posés pour la *représentation vraie du pays*, ils ont par cela seul pris place dans la gauche, et nous les y avons compris. Qu'ils aspirent ensuite à faire sortir la république d'une *assemblée nationale*, comme nous entendons, nous, en faire sortir la monarchie; c'est ce qu'on verra bien. Ceux-là du moins n'ont pas conçu le gouvernement comme une exploitation; et s'ils veulent la France république, c'est qu'ils la croient républicaine. Ils s'en expliquent, au reste, de façon bien rassurante, en cette formule où ils supposent le principe monarchique incompatible avec le principe représentatif, et ne se déclarent républicains qu'à cause de cela! Vieille antipathie de révolution, qui doit aisément s'effacer d'une société en travail, et se perdre dans la transformation générale de notre époque; qui n'aura plus d'objet d'ailleurs, le jour où la monarchie et la représentation, assises sur la même base, n'auront désormais pour toutes deux qu'une seule et pareille condition de force et de durée; à savoir le vote de tous les intéressés; en d'autres termes, un peuple politique de six millions d'hommes.

Car il faut le redire sans cesse; la république est dans le monopole électoral qui fait de la classe moyennne une petite nation bien compacte, de relations similaires, d'intérêts identiques; ayant tout juste assez de capacité pour donner le goût des affaires publiques, et pas assez pour les mener à bien; sachant ce qu'il lui faut à point nommé, mais ne comprenant rien du tout au moyen de l'obtenir. De là, et pas d'ailleurs, viennent les tiraillcmens républicains qui se font sentir à la société française. Ce n'est donc pas la grande nation qui est républicaine; c'est la loi qui d'une grande nation en a fait une petite. Cela est si vrai, qu'à supposer en France seulement ce qu'on y appelle la classe moyenne, la monarchie n'y serait pas tenable. Aux cent mille citoyens de cette France-là, il faudrait évidemment un archonte, un doge, un président; tout, excepté un prince héréditaire. Or, la loi a fait précisément en France cette supposition que nous faisons là; et tout l'ordre politique repose là-dessus. Aussi, voyez comment se gouverne en définitif le *juste-milieu*. Lorsque la Chambre de 1831 s'assembla pour la première fois, on se souvient de M. Périer venant demander à la majorité un système de gouvernement. C'était à notre première entrée en Belgique. En s'occupant du système, la Chambre pensa défaire le ministre. M. Périer n'en a pas moins proclamé depuis, en toute occasion, que le gouvernement constitutionnel n'était autre chose que le système de la majorité.

C'est ce qui a fait dire, sans doute, au Journal des Débats, que *M. Périer n'avait pas des idées très-fermes et très arrêtées sur les théories politiques.* Cela prouve au contraire que M. Périer avait puissamment conscience de sa position, et possédait à fond la théorie gouvernementale de cette *démocratie enrôlée en un corps aristocratique de quatre vingt mille électeurs.* Rien n'est plus républicain, en effet, que cette théorie-là ; et au dire de Montesquieu, c'est même une théorie des mauvaises républiques.

« Il y avait un grand vice dans la plupart
« des anciennes républiques ; c'est que le
« peuple avait droit d'y prendre des résolu-
« tions actives et qui demandent quelque
« exécution, chose dont il est entièrement
« incapable. Il ne doit entrer dans le gou-
« vernement que pour choisir les représen-
« tans ; ce qui est très à sa portée. Car, s'il y
« a peu de gens qui connaissent le degré pré-
« cis de la capacité des hommes, chacun est
« pourtant capable de savoir en général si
« celui qu'il choisit est plus éclairé que la
« plupart des autres. — Le corps représen-
« tant ne doit pas être choisi non plus pour
« prendre quelque résolution active, chose
« qu'il ne ferait pas bien ; mais pour faire
« des lois, ou pour voir si l'on a bien exé-
« cuté celles qu'il a faites, chose qu'il peut
« très-bien faire, et qu'il n'y a même que
« lui qui puisse bien faire. » (Liv. xi, chapitre vi, *Esprit des lois.*)

Qu'on vienne, après cela, nous parler des dangers républicains du vote universel! Aurait-on oublié ce mémorable article, où le *Journal des Débats* qui a, lui, des idées très-fermes et très-arrêtées sur les théories politiques, présentait la république comme imminente et tout près de sortir du *juste-milieu?*

« En conscience, on ne peut pas dire que
« la Société des Droits de l'homme conspire.
« Non, c'est une société qui fait la guerre à
« une autre société; c'est un gouvernement
« qui fait la guerre à un autre gouvernement.
« La France renferme aujourd'hui deux na-
« tions, une nation monarchique et une na-
« tion républicaine. Chacune d'elles a ses
« lois et son régime particulier, ses soldats,
« ses ministres. Ce n'est un secret pour per-
« sonne. Pour le moment, il y a trève entre
« les deux nations, mais on ne peut exiger
« que l'une respecte les lois et les magistrats
« de l'autre.

« *Le roi?* Mais à moins d'être aveugle ou
« sourd, il faut bien reconnaître que *le roi*

« n'a d'autre privilége que celui d'être injurié,
« outragé, calomnié de préférence à tout au-
« tre. S'il y a une ignoble plaisanterie à
« faire, sur qui tombe-t-elle? sur *le roi!* Qui
« désigne-t-on à la haine et aux vengeances
« du peuple? *le roi!* Qui arrache le pain à
« la misère, le vêtement à la nudité, la li-
« berté à tous? *le roi!* Qui représente-t-on
« sous les formes les plus grotesques ou les
« plus odieuses à tous les coins de rue, sur
« tous les carreaux des boutiques, partout où
« s'arrêtent les oisifs? *le roi! En Vendée*
« *le roi est un impie et un usurpateur. Ici*
« *le roi est un jésuite et le complice des*
« *rois de la Sainte-Alliance. Le roi* veut
« enfermer Paris de citadelles et étouffer dans
« le sang la fierté du peuple de juillet; *le*
« *roi* dévore la substance du peuple et l'é-
« crase d'impôts pour amasser des trésors
« qu'il met en réserve.

« Le tableau n'est pas rembruni. LE DÉ-
« SORDRE MORAL N'EST-IL PAS L'INFAILLIBLE
« PRÉCURSEUR DU DÉSORDRE MATÉRIEL? Pour
« qui l'entend bien, *le désordre matériel*

« est moins effrayant que le désordre mo-
« ral. L'ordre en peut sortir par un effort vi-
« goureux de la société. Le désordre maté-
« riel frappe les yeux les plus insoucians,
« alarme tous les intérêts, rallie toutes les
« forces conservatrices de la société. Il donne
« un élan général. On se réveille, on s'a-
« nime l'un l'autre, on oppose la violence à
« la violence.

« Le désordre moral gagne lentement, et
« affecte toute la société; il va toujours
« s'étendant; il pervertit jusqu'à ceux qui
« le repousseraient avec horreur sous les
« formes brutales du désordre matériel. Il
« intimide par le ridicule; il attire par la
« séduction de ses éloges et par le vain
« désir d'une fausse popularité; il corrompt
« jusqu'au langage ordinaire; il détourne
« le sens de ces mots : gloire, vertus, pa-
« triotisme, pour les appliquer aux passions
« qui le servent.

« Il y a des gens, je le sais, qui ne croient
« point à ces effets du désordre moral. La face
« extérieure de la société est tranquille, cela

« leur suffit; ils se trompent. L'injure et la
« calomnie ne tombent pas sur les esprits
« sans y laisser de profondes traces. Le res-
« pect pour les lois et pour les autorités s'al-
« tère. LA TOUR PARAIT ENTIÈRE ET INÉBRAN-
« LABLE AUX YEUX, MAIS LA MINE AVANCE
« SOURDEMENT. »

Nous en demandons bien pardon aux graves publicistes du *Journal des Débats;* mais
ils expriment là, presque dans les mêmes termes, ce que disait le DRAPEAU BLANC en 1830,
avant le coup d'État. Et ce dernier journal
nous a paru, plus qu'un autre, important à
citer, parce qu'il fera mieux ressortir tout
ce qu'il a fallu d'évidence et de force irrésistible à une théorie politique, pour se trouver proclamée, à trois ans d'intervalle, par
des organes si différens de tout point. Voici
donc ce que le *Drapeau blanc* disait de la
république, pour le monopole parlementaire
de 1814, qui n'a guère changé depuis comme
on sait :

« Nous touchons un sujet délicat et dou-
« loureux, mais le courage ne nous man-

« quera point pour dire la vérité. La ques-
« tion de dynastie récemment posée par les
« organes sincères du parti libéral est depuis
« long-temps au fond des choses.

« Qui avait pu espérer que la république
« et la royauté chemineraient côte à côte, ne
« se disant que des paroles de paix et d'amitié?
« Qu'y a-t-il d'étonnant à ce que les paroles
« soient hostiles et menaçantes quand les na-
« tures sont opposées? La paix, ce serait la
« mort politique de la dynastie; car, il faut
« le répéter un million de fois, la répu-
« blique parlementaire est aujourd'hui le
« gouvernement légal de la France. Si le
« roi de France veut régner, il a cette répu-
« blique à défaire. La menace et l'hostilité
« ne sont donc pas dans les journaux, dans
« les écrivains, elles sont dans les lois, dans
« le gouvernement.

« Le peuple est souverain par ses Cham-
« bres, nous sommes dans une république
« parlementaire. Encore une fois, ceci n'est
« pas seulement hostile à la dynastie, mais
« radicalement exclusif de son règne héré-

« ditaire. La royauté n'est désormais qu'une
« vieille décoration que l'on siffle quand elle
« ennuie, et que le machiniste de la majo-
« rité fera disparaître au gré du public.
« Comme le gouvernement et les lois ont
« fait du roi une superfétation politique, un
« vieux rentier à qui, par des raisons quel-
« conques, on ne fait pas encore banque-
« route, il est logique de dire que le roi sera
« expulsé comme un Stuart et rayé du
« grand-livre, s'il attaque ce gouvernement
« en exercice et ces lois en vigueur.

« Les écrivains qui l'ont dit ne sont pas
« seulement dans la logique, ils sont dans la
« légalité comme le gouvernement lui-même.
« La république parlementaire a ses lois qui
« l'établissent, ses forces qui la défendent ; et
« les lois de cette république déniant le rè-
« gne du roi, il faut bien que ses forces
« soient employées à vaincre le roi qui veut
« régner. La plus grande, la plus puissante
« de ces forces est présentement dans la
« presse, dans les écrivains : il est clair que
« la presse et les écrivains doivent attaquer

« le roi, nier ses droits, combattre sa per-
« sonne. Les journaux incriminés ne sont
« donc que des instrumens au service de la
« république parlementaire ; ils n'ont rien
« fait que par les lois et pour les lois de cette
« république. »

On voit que le changement des positions
et des personnes fait toute la différence des
deux articles, et qu'à des avis fort contraires
d'ailleurs, la république aurait grande chance
de sortir, tôt ou tard, des quatre-vingt mille
ou cent cinquante mille électeurs de la
Charte de 1814 ou de la Constitution de
1830. Peut-être même cela prouve-t-il assez
clairement qu'il n'y a en ce pays de république possible, qu'avec le monopole parlementaire. Et il le faut bien, si la représentation universelle amène, de toute nécessité,
la monarchie ; il le faut bien, si un grand
peuple, avec une vieille civilisation compli-
quée, avec des classes différentes et des intérêts qui se croisent à l'infini, avec un long
passé et des besoins de toute sorte, si une
pareille nation, dis-je, est invinciblement

poussée à résumer son gouvernement dans
l'unité royale.

Quoi qu'il en soit, la droite et la gauche
ont à présent leurs idées arrêtées, leur conviction faite contre l'électorat censitaire et
tout monopole politique. Il s'agit donc uniquement de savoir si nous autres royalistes
nous aurons moins de confiance dans notre
vieux principe, que les républicains dans leur
opinion nouvelle. Ce n'est plus ainsi qu'une
question de personnes ; question étrange à
vrai dire, et dont je me sens rougir rien
qu'à la poser ; c'est à savoir si, dans une assemblée générale, les républicains ne livre-
ront pas les royalistes *aux bêtes*, en appe-
lant *l'émeute* et *la rue* contre toutes les
majorités représentatives. Il y a parmi nous
de bonnes gens qui se préoccupent singulièrement de ces *lions* populaires. Eh ! qu'ont
opposé, qu'auraient à opposer encore ces
bonnes gens, contre l'émeute et la rue, dans
une assemblée de monopole ? car ils nous ac-
corderont bien que le péril, si péril il y a,
se rencontre tout aussi menaçant aux Cham-

bres constitutionnelles qu'aux représenta-
tions nationales. Mais, à notre avis, ils ou-
blient deux choses grandement rassurantes.
En premier lieu, c'est que le peuple fait silence au-dehors quand on l'écoute au-de-
dans ; en second lieu, c'est que les lions
populaires devraient dévorer, dans une assemblée générale, la droite et la gauche ensemble, M. Mauguin et M. de Noailles,
M. Barrot et M. de Brézé, M. Laffitte et
M. de Fitz-James, qui, par le seul fait d'une
représentation vraie, n'auraient plus qu'une
même formule du *gouvernement-représen-
tatif-monarchique.* Et qu'on y regarde. Dans
le système actuel, au contraire, la droite
reste seule, isolée, exposée à tous les coups.
La gauche, qui n'a pas son principe sauf, n'a
garde de prendre parti pour celui de la
droite. Qui ne voit même qu'en leur position
de dupes, les hommes de gauche doivent
se tenir contre la monarchie, tant qu'ils n'ont
pas la représentation ? C'est ainsi que la gauche et la droite, combattant l'une après l'autre, rendent la victoire facile aux républi-

cains. Si la droite de l'Assemblée constituante eût pu être portée à la législative ; elle s'unissait à la gauche de 1789, devenue la droite de 1791, et il n'y avait point de décret de déchéance, point de 10 août, point de république, point de révolution.

Mais c'est trop insister, en un temps de faits et d'intelligence, sur la nécessité pour le parti royaliste d'avoir enfin le courage de son opinion. Il aurait suffi, sans doute, de dire nettement aux hommes de la droite, la condition de leur succès. Eh! bien, il n'y a pas de rappel d'Henri V possible, sans une *Chambre nationale.* On comprend en effet que la gauche ne puisse être amenée là, aussi long-temps que le télégraphe de la centralisation, par ses préfets dociles et ses procureurs-généraux obéissans, gouverne souverainement le pays. Ce serait vraiment se rendre à merci. Le lendemain d'une pareille restauration, le roi serait en réalité maître et constituant. La gent doctrinaire, qu'on ne saurait jamais écraser, parce qu'on n'écrase pas, a dit un illustre écrivain, ce qui s'aplatit sous le pied; la gent doctrinaire, dis-je, s'aplatirait davantage encore et se saisirait, une troisième fois, des affaires de la royauté restaurée. Libéraux et Royalistes, Dieu nous garde de cette restauration là! Mais à supposer que nous fussions, nous, assez insensés pour la vouloir, la pouvons-nous faire, seuls contre tous? Or, l'on doit compter sur les doctrinaires, *après*, mais non pas *avant*, mais *pendant* jamais. Il est donc démontré qu'en cet état ni monarchique ni représentatif, nous serions toujours un contre deux, la droite contre le juste-milieu et la gauche. Par où l'on voit assez clairement que le rappel d'Henri V, en la position actuelle, est une impossibilité radicale.

Supposez même le roi fait par une Chambre, au 7 août, défait par une autre Chambre un autre jour. En quoi cela avance-t-il les affaires d'Henri V? Le pays sans représentation se trouve livré, une fois de plus, à la double chance d'une rouerie législative ou d'une *Furia* populaire. C'est toujours à choisir entre les Casse-cous et les Habiles. Mais d'Henri de Béarn il n'est pas question en tout cela, je le répète. Eh! qui le rappellerait donc? Une assemblée sans mandat? à Dieu ne plaise. Quelques cents députés envoyés pour donner l'impôt et concourir aux lois, de par cent mille Français seulement? Ce n'est pas là la France; et c'est bien alors que les lions populaires seraient terribles, et que le parti républicain aurait beau jeu à nous livrer aux bêtes. Ne serions-nous pas complices d'une forfaiture constitutionnelle, d'un flagrant délit de trahison nationale? Nous aussi, nous aurions voulu un roi par surprise, c'est-à-dire un roi impossible au temps où nous vivons; et le parti royaliste n'y aurait gagné que la somme de haine et de mépris qui pèse à l'heure qu'il est sur le *juste-milieu*. Car enfin il n'y a pas de majorité possible sans la gauche; et raisonnablement l'on ne saurait espérer que les hommes de gauche aillent, désormais, se leurrer d'un programme et de toutes les fictions représentatives qui les ont tant trompés.

Tout est là pourtant; et c'est ce qui prouve

qu'en définitif la restauration ne peut plus sortir que d'une assemblée nationale. Car il n'y a qu'une assemblée nationale où la gauche puisse avoir son principe sauf et largement garanti pour l'avenir. Il n'y a que l'établissement d'une représentation vraie, qui doive rassurer les hommes de gauche contre le gouvernement monarchique; et disons le mot, la gauche n'est monarchique que par-là. De telle sorte que si la monarchie et la représentation s'excluaient, la monarchie aurait vécu pour la France. D'où il suit inévitablement qu'une assemblée nationale, une représentation vraie du pays est la première condition, la condition essentielle et *sine quâ non* du succès des royalistes.

Si l'on interroge, d'ailleurs, tout ce qui nous entoure, tout ce qui se produit à l'extérieur comme à l'intérieur; il semble que la force irrésistible des choses nous pousse vers cette grande phase du gouvernement représentatif monarchique. La majorité du roi reconnue à Prague; il n'y a que le pays représenté qui la puisse déclarer en France.

Nos annales en font foi. La vieille cour achève de mourir; et nos jeunes concitoyens qui sont allés saluer Henri V en son exil de Buschtirad, ne l'ont fait qu'à titre de représentans. Aucun parti n'est assez fort pour s'imposer aux autres; il faut que le pays juge. Quand on ne le demanderait par raison, il le faudrait de nécessité. La guerre européenne n'est plus une solution pour personne. Les royalistes qui ont pu, non point appeler l'étranger, mais tenir compte d'une conflagration éventuelle dans l'avenir du gouvernement de juillet, ni plus ni moins que les républicains eux-mêmes, voient tous également aujourd'hui que l'Europe assistera, l'arme au bras, à l'exécution de toutes les légitimités qui se laisseront faire : la royauté des barricades, bien entendu, en usant de la même sorte pour les gouvernemens populaires qui viendront à cheoir. La guerre civile dans les rues ou par les champs est un anachronisme héroïque, mais un anachronisme; l'on en convient des deux côtés. La Vendée et le cloître Saint-Méry n'ont mené, ne mèneraient encore qu'au Mont Saint-Michel; chacun en a la conviction et s'arrange là-dessus. C'est pourquoi les organes divers du parti libéral et du parti royaliste se sont tous placés dans les voies de la *réforme parlementaire ;* ne laissant pour appui moral à l'olygarchie régnante, que la presse gorgée à la piscine du château. Quand les esprits et les choses en sont là, il est bien inutile de se roidir et de faire obstacle à une représentation vraie. Les traînards de l'opinion et les exploitans du monopole doivent en prendre leur parti. Tout le monde annonce l'*assemblée nationale,* qui fera justice des peureux et des idiots, des intéressés et des cupides.

Qu'on y regarde, au reste. Il n'y a pas moyen de se passer d'une assemblée générale de la nation, en un pays où toutes les idées politiques sont à refaire, où quarante années de lutte ont confondu toutes les notions de pouvoir et de liberté, où personne n'a de garantie, où rien n'est dans son assiette, où, pour tout dire en un mot, il y a quarante-quatre mille lois qui s'entrechoquent au Bul-

LETIN. La première représentation vraie que se donnera la France, aura ainsi pour charge spéciale, une réorganisation complète du royaume, depuis l'officier municipal jusqu'au secrétaire d'Etat, depuis la commune jusqu'au grand centre politique. C'est qu'à bien dire, il n'est rien resté pour la monarchie représentative, de tout ce qui s'est fait depuis la déclaration constituante du jeu de paume. Nous nous trouvons ainsi reportés, par la nature des choses, aux États-Généraux de 1789, convoqués précisément pour rasseoir sur ses bases toute la société française, qui s'affaissait depuis Louis XIV. C'est la même mission nationale que le pays doit imposer à l'assemblée de 1835. Il n'y a de plus que l'abdication de deux rois à enregistrer, et une loi de Succession à faire revivre. Mais cette puissante œuvre d'organisation accomplie, croit-on que le parti libéral et le peuple français auraient grand peur, pour l'avenir, du droit divin et des Premiers Gentilshommes de la Chambre? Quel homme d'honneur et de liberté s'opposerait, après cela, au rappel d'un enfant saturé des idées de son siècle et de sa patrie; autour de qui prendraient place tous les chefs énergiques des deux grandes opinions du royaume, l'ordre monarchique et la liberté représentative? Henri V marchant au milieu de nous appuyé sur la génération nouvelle, n'a-t-il pas tout ce qui peut élever au plus haut la fortune et la gloire de son pays?

CHAPITRE II.

FIN DE LA PREMIÈRE QUINQUENNALITÉ.
ÉLECTION GÉNÉRALE ET UNE CHAMBRE NOUVELLE.

———

> Quand les grands intérêts de la société
> sont menacés, il s'élève des partis pour les
> défendre, comme la justice privée apparaît
> quand la justice publique ne se rend plus.
> (M. DE GENOUDE, *Conservateur*, 1819.)
>
> Ce qui faisait le succès de ce système lar-
> gement conçu, hardiment jeté comme un
> pont sur des abîmes au milieu d'une société
> dégoûtée de tous les pouvoirs et prête à dé-
> sespérer d'elle-même, c'est qu'il reposait sur
> un petit nombre d'idées simples et vraies. Il
> était compris de tout le monde, et tout le
> monde se ralliait à lui parce qu'il offrait de
> sérieuses garanties à toutes les opinions, sans
> en blesser aucune. Le principal mérite de
> ce système était de reconnaître positivement
> tous les intérêts existans dans le pays, et de
> les appeler à une complète et sincère repré-
> sentation.
> (M. DE BRIAN, *Fragment historique*, 1834.)

MAINTENANT que les principes sont éclai-
rés, revenons nous placer dans l'ordre des

faits. Car l'olygarchie censitaire a beau être ruinée dans l'opinion ; elle est encore debout dans le pays, elle règne toujours dans les lois. La théorie nationale de *représentation* et de *monarchie* est reconnue et jugée désormais à droite comme à gauche ; mais il reste à mettre cette théorie-là en action. Or, la chose ne laisse pas que d'avoir ses difficultés, dans le cercle vicieux mais légal du *juste-milieu*. Evidemment l'on ne doit songer, par exemple, ni à se faire une majorité dans la Chambre qui représente le monopole électoral, ni même à poursuivre un pareil succès dans les colléges électoraux que compose à-peu-près exclusivement la classe moyenne, le monopole incarné. Attendre des électeurs à deux cents francs et des députés à cinq cents francs, les uns et les autres assermentés, qu'ils reconnaissent le droit universel de représentation sans serment, c'est attendre qu'ils abdiquent ; et raisonnablement la chose n'est pas même proposable. D'ailleurs, la gauche radiée des affaires après le *six juin,* doit l'être bientôt de la députation, comme la droite l'a été après le 27 juillet. Il est visible que, dans les combinaisons actuelles, l'opposition de gauche ne reviendrait que fort affaiblie, considérablement diminuée en nombre, à la quinquennalité prochaine. La loi des élections est un mauvais instrument politique qui a pu servir l'opinion libérale, mais qui ne l'a jamais représentée; aujourd'hui elle ne peut plus la servir ni la représenter. Quant à la droite, sa part de représentation est, on peut dire, confisquée par la loi du *Test;* elle n'a guère d'action politique à exercer sous la foi du serment.

Mais à supposer la réélection de 1834 la moins favorable possible au juste-milieu; ni la gauche ni la droite n'auraient encore d'influence quelque peu décisive à espérer dans la Chambre nouvelle. En politique comme à la guerre; toute position où l'on s'est fait battre, n'est bonne qu'à se faire battre une fois de plus. Il est vrai que la droite et la gauche se relieraient à présent dans une formule commune du *gouvernement représentatif monarchique;* mais à quoi bon cette formule, et qu'en pourrait-il sortir, pendant cinq années, contre une loi qui l'exclue, et se trouve assurée de vivre cinq ans encore? N'est-il pas à craindre, au contraire, qu'un nouveau concours quinquennal du parti royaliste et du parti libéral au monopole parlementaire, ne réalise aux deux côtés du *juste-milieu* français, les tories et les radicaux du wighisme anglais? Tout serait dit par là, et le régime actuel serait implanté en France.

Qu'on le remarque en effet! Hors du principe de représentation nationale, la gauche et la droite n'ont rien à défendre en commun. Et comme le concours des deux partis, opposans ou non, aux actes de l'olygarchie régnante, place nécessairement ces partis hors du principe dont il s'agit; n'est-il pas évident qu'aucun lien réel n'existe plus dès-lors entre la droite et la gauche, qu'il n'y a plus de réalisable, conséquemment, entre les deux côtés de la Chambre, qu'une coalition parlementaire pour arriver aux affaires? Or, les royalistes, on le sait bien, ne veulent ni des affaires ni des coalitions qui les donnent.

Par une coalition ils seraient dupes, par les affaires ils seraient apostats. Je vais plus loin, et j'ose dire que la mission de la droite, dans une législature censitaire, serait de prêter appui, quoi qu'elle en eût, à tous les projets restrictifs du gouvernement, et de s'engager dans les mêmes voies où elle a été forcée de soutenir la restauration. La loi républicaine de cent cinquante mille électeurs étant donnée, le parti royaliste n'a plus qu'à accepter la république pure et simple, ou à défendre ce qui reste de monarchie par un coup d'Etat, où irait aboutir la nouvelle royauté comme y est venue l'ancienne. Telle est aussi la voie où le *Courrier de l'Europe* (1) poussait incessamment l'opposition royaliste - constitutionnelle dans les deux Chambres, à l'encontre de toutes les idées, de toutes les demandes du parti libéral. C'est pourquoi, dans les premiers temps de la *monarchie élective,*

(1) *Le Courrier de l'Europe,* JOURNAL DE LA FRANCE ROYALISTE ET CONSTITUTIONNELLE, était alors rédigé en chef par l'auteur de cet écrit. (*Note de l'éditeur.*)

j'ai dit tout d'abord : « S'il y avait en ce
« pays quelqu'un qui se pût dire roi de France,
« il serait encore dans le cercle vicieux du
« 8 août et des ordonnances. Si ce prince
« voulait gouverner par lui-même, selon la
« loi de son institution, je lui répéterais qu'il
« y a toujours nécessité d'appeler ses soldats
« contre l'élection qui prétend gouverner
« pour lui. » Toute la ligne de l'opposition
constitutionnelle au *Courrier de l'Europe*
n'a été que le développement de cette pensée, et je demande la permission d'en rappeler brièvement les termes :

« Nous n'avons cessé de dire que le juste-
« milieu était notre meilleur instrument de
« restauration ; c'est pourquoi nous avons vu
« le ministère de gauche de M. Laffitte céder
« la place au ministère de centre gauche de
« M. Périer ; puis celui-là être remplacé par
« un cabinet moitié doctrinaire et moitié cen-
« tre gauche. C'est pourquoi nous verrons à
« présent le cabinet *métis* de la doctrine et
« de la gauche, non pas même redevenir
« centre gauche, mais se fondre définitive-

« ment dans la doctrine pure. Puis, quand
« la doctrine pure aura fait son temps, et
« qu'aux yeux de tous enfin il n'y aura plus
« moyen qu'elle tienne, le pays marchant
« toujours dans la même voie, le tour de la
« droite sera arrivé. Car là révolution vaincue
« dans le gouvernement ne l'est pas au de-
« hors; elle luttera jusqu'à ce qu'on l'ait ex-
« terminée... La droite donc sera acceptée
« avec son principe, pour que le pays ait rai-
« son du génie révolutionnaire. A cet instant,
« la restauration sera complète et la révolu-
« tion sera domptée. Telle est, dans notre
« pensée du moins, la marche rationnelle et
« nécessaire de la contre-révolution du 7 août.
« On sait du reste qu'il n'y a pas, en cet
« établissement politique, un personnage,
« quelque élevé qu'il soit, qui n'aime mieux
« et de beaucoup rentrer dans la monarchie
« que dans la république, achever en un mot
« la contre-révolution que recommencer les
« barricades. » (N° du 9 mars 1833.)

On sait les raisons qui ont empêché le
Courrier de l'Europe de persister, et ce n'est

pas de quoi il s'agit à l'heure qu'il est. Ce qu'il importe de dire seulement; c'est qu'un pareil système, quoi qu'il vaille, se trouverait le système conséquent et nécessaire d'une opposition royaliste, dans l'ordre constitutionnel donné d'un électorat censitaire et républicain; c'est qu'en définitif il résume tout concours parlementaire du côté droit dans les Chambres du monopole. La preuve en est que les orateurs les plus distingués du parti royaliste n'ont fait, dans la législature actuelle, qu'une opposition excentrique, et n'ont eu aucune action sur les affaires. La preuve en est surtout flagrante, comme je l'ai dit souvent, en MM. Mounier et Portalis, qui ont une valeur d'opposition constitutionnelle au régime actuel, tandis que M. de Brézé et M. Berryer n'en ont jamais eu aucune. Pour mon compte personnel ; j'ai peut-être quelque droit d'affirmer que ce système d'appui prêté au juste-milieu, ce concours dirigé contre la gauche, tels qu'ils ont été professés par *le Courrier de l'Europe*, me paraissent encore aujourd'hui le seul moyen d'action constitutionnelle des royalistes, dans les Chambres que nous connaissons. Or, le parti royaliste veut encore moins d'une coalition avec le juste-milieu qu'avec la gauche. Par-là sans doute il aurait quelque influence, mais il n'en veut pas à pareil prix. D'où il suit que la droite, pour le présent du moins, n'a aucune action parlementaire à exercer, et doit se tenir rigoureusement au principe de *représentation nationale*.

Quant aux hommes de la gauche, leur conviction doit être faite aussi bien que la nôtre. Revenus en petit nombre à la Chambre, il n'est pas même certain qu'ils eussent derrière eux l'opinion qu'ils seraient *censés* représenter. Quand l'opinion libérale ne les abandonnerait pas, ils n'auraient à poursuivre qu'un nouveau 6 juin, comme la droite marcherait à un nouveau 27 juillet. Toute la différence serait qu'aujourd'hui nous irions à l'abîme les yeux ouverts, au lieu de les avoir fermés. C'est qu'après tout, il n'y a point d'issue constitutionnelle à cet impasse olygarchique où nous sommes tous murés, pas plus par la gauche que par la droite. La gauche donc, non plus, n'a rien à faire, rien à espérer d'une nouvelle législature censitaire. La droite et la gauche ne pourraient qu'y compromettre de nouveau leurs principes; y perdre par conséquent, encore une fois, leur position nationale.

Le concours parlementaire mis de côté avec l'insurrection et les coups d'Etat, quelle est donc la stratégie légale à l'usage du pays contre ceux qui l'exploitent; quel est le chemin couvert de la légalité, par où l'on peut battre en brèche la citadelle du monopole? Car, décidément, il n'y a guère plus à espérer de l'enthousiasme que de la conviction, chez la bourgeoisie électorale qui nous régente depuis trois ans. MM. les électeurs à deux cents livres semblent peu capables d'entraînement, ni de soudaineté; ils ne paraissent point gens à déchirer leurs titres, comme a pu faire une vieille aristocratie dans la nuit chevaleresque du 4 août 1790. La noblesse a abdiqué ses droits, jusque là incontestés;

mais la classe moyenne **a** usurpé les nôtres, que la nation revendique toujours. Or, que l'on abdique son droit, cela s'est vu quelquefois; mais que l'usurpation se renie d'elle-même, cela ne s'est jamais vu. En tout cas, un peu de force, de force légale bien entendu, ne saurait nuire au peu de bonne volonté que viendraient à montrer les colléges électoraux. Donc, nous voulons bien compter sur l'aide prochaine d'une élection générale; mais à la condition que le pays s'aidera beaucoup lui-même. Comment en effet une pareille élection a-t-elle ouvert la porte toute grande à la *réforme ?* Ce n'est point par sa propre vertu politique; puisque, faite en 1833, elle assurait un nouveau bail de cinq ans au *juste-milieu*. Pourquoi ne pas le dire? Il a fallu trouver dans le gouvernement d'hommes réputés habiles, un degré d'ineptie que la France n'avait encore rencontré chez aucun des pouvoirs qui l'ont exploitée depuis quarante ans. Qui a pu jamais avertir l'ennemi, long-temps à l'avance, que des troupes fraîches allaient entrer dans la place; et que la garnison serait ravitaillée à tel jour précis? C'est là ce qu'a fait pourtant l'immuable pensée du 7 août, en remettant les élections à leur terme fatal de 1834. C'est là aussi ce qui a fait s'écrier la doctrine, plus avisée, dans le *Journal des Débats :* « TOUT EST REMIS AU HASARD.

« On objecterait en vain que puisque le sys-
« tème a produit de si beaux résultats jusqu'ici,
« un an de plus ne peut que le faire mieux
« goûter à la France ; et qu'ainsi les électeurs
« seront encore mieux disposés l'année pro-
« chaine. La part de l'imprévu n'est-elle pas
« énorme dans les affaires de ce monde? De-
« puis deux ans, l'imprévu a été pour vous ;
« qui vous dit que l'année prochaine il ne sera
« pas contre vous? Est-ce à votre sagesse qu'est
« due la richesse des moissons de 1832 et 1833?
« Votre habileté avait-elle préparé le dénoue-
« ment de Blaye? Voulez-vous laisser aux par-
« tis le temps de se reconnaître et de se disci-
« pliner? A quoi bon taire d'ailleurs ce que tout
« le monde sait? Nos temps sont d'une mobi-
« lité effrayante : notre gouvernement participe

« trop de la démocratie, pour ne pas être sujet
« à ces soudains égaremens d'opinion qui ont
« caractérisé toutes les démocraties du monde.
« Recommandons-nous donc au hasard ! »

A notre avis, ceci est la mesure exacte,
le caractère précis de la situation. Le renouvellement de la Chambre est sans doute un
admirable terrain, livré de la manière la
plus inattendue, pour la lutte nationale qui
s'apprête. Mais après tout, ce n'est qu'un
champ clos où l'opposition, quelqu'elle soit,
trouvera ses adversaires en majorité, où il lui
faut, pour vaincre par conséquent, mettre
la fortune de son côté. Et ce doit nous être
là, royalistes, une double recommandation
bien puissante de ne rien négliger de tous
les avantages qu'il est possible de donner au
pays, contre ceux qui vont le représenter
malgré lui dans les prochaines élections.
D'une part, c'est une occasion unique qui
nous est fournie, une faute énorme qui ne se
commettra pas deux fois. D'autre part, cette
faute ne change pas la composition des col-

léges électoraux, où l'on doit s'attendre que la classe moyenne emploiera toutes ses forces à soutenir un monopole qui lui en assure tant d'autres plus précieux, et auxquels, à vrai dire, sa domination est subordonnée tout entière. Par où l'on voit, en définitif, qu'il reste beaucoup à faire à la nation et aux deux partis qui défendent ses plus grands intérêts, la monarchie et la représentation.

J'insiste à dessein sur ces obstacles, parce-qu'avant tout il faut bien savoir sur quel terrain, contre qui, à quelles conditions l'on se bat. Ce n'est plus ici une question de boules. S'il s'agissait uniquement d'obtenir la moitié plus un des votes de la milice électorale, censitaire et assermentée, pour le triomphe du gouvernement représentatif monarchique vrai; ma parole découragée n'irait pas solliciter les efforts des royalistes. Mais il importe bien autant peut-être de fournir à six millions de Français, des ressources légales contre la majorité des cent cinquante mille autres Français à qui le cens de 200 fr.

et le serment de fidélité au roi de leur choix, permettent d'imposer et de légiférer le pays. Or, l'on doit prendre confiance. Il y a toujours dans les lois d'une grande nation civilisée comme la nôtre, de quoi faire prévaloir sa volonté. C'est donc à recueillir avec nous cette stratégie légale du pays, que nous appelons non pas seulement les hommes de la droite, mais tous les gens de cœur en chaque opinion.

Car aux deux armées de la droite et de la gauche qui veulent emporter la même place, pour arborer sur ses ruines le drapeau neutre d'une *assemblée nationale*, il faut une marche concertée, des opérations communes, un même commandement s'il se peut. C'est là le premier point et le plus nécessaire à bien arrêter, pour toute la campagne de 1834. Si le pays ne devait compter que sur une partie de ses enfans, il serait livré, pour long-temps encore, à l'exploitation du juste-milieu. Que si la gauche s'empare d'une position, la droite l'occupe donc avec elle! Que si la droite obtient un avantage; la gauche en profite sur l'heure! Ce ne sont plus, je le répète, que deux corps d'une même armée au service de la même cause, poursuivant la même guerre dont le *juste-milieu*, tôt ou tard, paiera tous les frais.

C'est dans cette pensée commune, au reste, que les premiers coups viennent d'être portés au monopole. La droite pétitionne comme la gauche contre le *cens* et le *serment*; et la voie des pétitions était en effet la première où l'on dût entrer. Outre ce que des millions de citoyens actifs qui se signent librement au grand jour, peuvent donner à penser à la petite phalange censitaire et assermentée; il devient par-là évident, irrécusable pour tous, que le pays n'est pas représenté, puisqu'enfin il proteste, par des millions de voix, contre les cent cinquante mille privilégiés qui entendent le représenter. Il est vrai que ces nombreux signataires n'auront point entrée dans les colléges électoraux, quand ils seront ouverts. Ils sont exclus des listes préfectoriales, et le champ clos parlementaire leur est interdit comme à des *vilains,* indignes de se mesurer avec les nobles hommes du *cens* et du *serment.* Mais il n'est pas indifférent, à ce que l'on peut croire, d'avoir pour soi les gros bataillons, alors même qu'ils ne sauraient vous assister sur un terrain donné, puisqu'en définitif la victoire doit leur rester un jour ou l'autre. C'est pourquoi il est de la plus haute importance que, par tout le royaume, des pétitions se couvrent de signatures contre le monopole. Il faut que chaque cité envoie sa protestation, pour qu'au jour où le corps électoral se doit assembler, il apparaisse comme un spectre ou un moribond, à qui l'opinion aura retiré toute vitalité politique, et puisse ainsi prendre peur ou pitié de lui-même. Que les royalistes signent indistinctement les pétitions libérales, et les libéraux les pétitions royalistes; il faut faire masse et donner d'ensemble. C'est la citadelle du monopole qu'il faut emporter et démolir à tout prix.

Mais ce n'est pas tout que l'élection politique. Le cens et le serment inféodent aussi l'électorat communal; il y a encore un champ clos municipal, d'où la commune est exclue comme indigne, comme incapable tout au moins. Sous quelques mois, ce champ-clos va s'ouvrir; il faut que le droit de la commune y soit revendiqué contre le monopole *des plus imposés*, dont les proportions se trouvent établies par la loi du 21 mars 1831 sur *l'organisation municipale* (1). Pour cela, si le maire se trouvait royaliste ou libéral, il pourrait laisser entrer dans l'assemblée des électeurs communaux, dont il est président *de*

(1) (Art. 2 de ladite loi.) « Sont appelés à cette assemblée, les citoyens les plus imposés au rôle des contributions directes de la commune, agés de vingt-un ans accomplis, dans les proportions suivantes :

« Pour les communes de mille âmes et au-dessous, un nombre égal au dixième de la population de la commune.

« Le nombre s'accroîtra de cinq par cent habitans en sus de mille jusqu'à cinq mille;

« De quatre par cent habitans en sus de cinq mille jusqu'à quinze mille;

« De trois par cent habitans au-dessus de quinze mille. »

droit, et dont il a *seul* la police, tous les citoyens actifs et imposés de la commune. Au
défaut de cette circonstance qui ne se pré-
sentera sans doute qu'en un petit nombre d'en-
droits, le *bureau* pourrait plus souvent admettre à voter, sans serment, tous ceux qui
se trouveront dans la salle, inscrits ou non
sur les listes électorales. Aux termes de l'article 44 de ladite loi du 21 mars 1833, le
président appelle au bureau, pour remplir les
fonctions de scrutateurs, les deux plus âgés
et les deux plus jeunes des électeurs présens
à la séance. Le bureau se trouvera ainsi, bien
souvent, composé d'une majorité libérale ou
royaliste. L'article 50 de la même loi spéciale du 21 mars, porte :

« Le bureau statue provisoirement sur les
« difficultés qui s'élèvent au sujet des opéra-
« tions de l'assemblée. »

La majorité de ce bureau aura donc le
droit légal, incontestable, de résoudre en faveur de la représentation communale, contre
le monopole des plus imposés, toutes les difficultés de cens, d'inscription et de serment.

Qu'il y ait ensuite recours du préfet par devant son conseil de préfecture (article 51 de la même loi), la commune représentée au vrai n'en aura pas moins choisi provisoirement son conseil municipal, quand même la commune fictive devrait *en définitif* installer le sien. Ne serait-ce point d'ailleurs un assez grand spectacle que ce mensonge électoral mis en regard de la vérité sur tous les points de la France ? Mais l'élection annulée par le conseil de préfecture, ne faut-il pas qu'elle recommence sous les mêmes conditions de la majorité royaliste ou libérale du bureau ? C'est pourquoi l'on peut dire qu'il y a dans la loi même du monopole municipal, de quoi faire face à tous les recours de préfets et à toutes les décisions de conseils de préfecture, jusqu'à ce qu'enfin la commune soit représentée comme elle l'entend. Une pareille lutte serait, tout au moins, d'un puissant exemple et du meilleur augure pour les colléges de l'élection politique.

Dans quelques mois enfin, la loi du 22 mars 1831 appelle les gardes nationaux du royaume à élire leurs officiers. Que tout citoyen voulant *la monarchie et la représentation* dans leur vérité, refuse *le serment* qu'exige l'article 59 de *la loi sur la garde nationale.* Il sera considéré comme démissionnaire : à la bonne heure! Que ses camarades le réélisent; et il faudra bien, ou que le gouvernement renonce à la garde nationale, ou qu'il en accepte les officiers sans serment. De même que par les élections municipales, il en aura été réduit à cette alternative ; ou de laisser la commune sans administration, ou de renoncer à ses administrateurs assermentés. Que dans toutes ces assemblées, au reste, de la garde nationale et de la commune, les pétitions contre le monopole circulent; qu'elles sortent de là accréditées auprès de tous les contribuables, par les électeurs communaux et les réprésentans de l'ordre public en France.

Après cela ; nous verrons venir avec quelque assurance, le grand jour des colléges électoraux. La guerre, il est vrai, devient ici plus sérieuse et plus difficile. Aux surprises de la fiction politique on joint les tricheries du préfet et les Signaux du télégraphe. Mais je l'ai déjà dit, la légalité ne manque jamais à une nation forte de son bon droit. C'est pourquoi je suis obligé d'entrer en quelques détails, qui semblent plutôt du ressort de l'avocat que dans le domaine du publiciste. Ce n'est pas ma faute, si le juste-milieu tient un grand peuple emmailloté dans les langes de la fiction et de la chicane.

L'extrême attention qu'apportent messieurs les ministres à un renouvellement intégral de la Chambre, ne permet guère de supposer qu'il se rencontre un président de collége électoral le moins du monde mal disposé contre le Cens et le Serment. La surveillance du préfet et de messieurs les sous-préfets, chacun dans leur arrondissement, répond assez, d'ailleurs, qu'il n'entrera dans les colléges que l'olygarchie censitaire de l'endroit. Le *cens* particulier de cet électorat ne permet pas davantage la supposition que les quatre scrutateurs, appelés conformément à l'article 42 de la loi électorale (1), ne donnent, la plupart du temps, la majorité du *bureau* au *juste-milieu*. Mais en revanche, ce bureau n'est que provisoire ; et partout où une majorité pourrait le renverser, il n'y aurait plus d'obstacle à ce que l'élection se fît sans serment. Ceci est grave et n'implique d'aucune manière, parce qu'en tout cas le serment ne doit légalement se prêter qu'à la suite de la formation du bureau définitif. Pour s'en convaincre, il n'y a qu'à lire le titre iv de la loi, et particulièrement les articles 46 et 47 de ce titre. L'un clot la série des dispositions relatives au collège à *constituer*; il est ainsi conçu :

« Nul ne pourra être admis à voter, soit « pour la formation du bureau définitif, soit « pour l'élection du député, s'il n'est inscrit

(1) (Art. 42 de la loi sur les élections à la Chambre des Députés.......) « Les deux électeurs les plus âgés et les deux plus jeunes inscrits sur la liste du collège ou de la section, sont scrutateurs provisoires. Le bureau choisit le secrétaire, qui n'a que voix consultative. »

« sur la liste affichée dans la salle et remise
« au président. »

L'article 47 ouvre la série des dispositions
relatives aux *bulletins*, aux *scrutins* pour
l'élection du député qui peuvent être nuls et
à recommencer, ce dont le bureau décide
quelquefois, et ce qui arrive toujours aux
cas énoncés par deux articles suivans de la
même loi (1). L'article 47, dis-je, s'ex-
prime ainsi :

« Avant de *voter pour la première fois,*
« chaque électeur prête le serment prescrit
« par la loi du 31 août 1830. »

Ceci se rapporte évidemment aux cas

______

(1) (Art. 54.) « Nul n'est élu à l'un des deux premiers tours de scrutin, s'il ne réunit plus du tiers des
voix de la totalité des membres qui composent le collége, et plus de la moitié des suffrages exprimés. »

(Art. 55.) « Après les deux premiers tours de scrutin, si l'élection n'est point faite, le bureau proclame
les noms des deux candidats qui ont obtenu le plus
de suffrages ; et au troisième tour de scrutin, les suffrages ne pourront être valablement donnés qu'à l'un
de ces deux candidats. »

dont il s'agit, et assez nombreux du reste, où une élection ne sort pas d'un premier scrutin, ni même du second ; et où par conséquent l'électeur est appelé à *voter plusieurs fois*. Avant de *voter pour la première fois*, la loi lui impose la formalité du serment. En veut-on la preuve matérielle ? Qu'on relise la dernière LOI SUR L'ORGANISATION DES CONSEILS-GÉNÉRAUX DE DÉPARTEMENT ET DES CONSEILS D'ARRONDISSEMENT, ARTICLE 41 ; il porte :

« Avant de *voter pour la première fois*,
« chaque membre de l'assemblée prête le
« serment prescrit par la loi du 31 août
« 1830. »

Comme on voit, les termes sont identiquement les mêmes que ceux employés dans la loi des élections. Or, ils ne se rapportent pas sans doute à la *formation du bureau*, puisque le bureau des assemblées communales est constitué, non par un vote, mais par l'âge et de droit. Ils se rapportent donc forcément ici aux cas où il se fait plusieurs scrutins. Enfin l'article 41, au titre VI de la

loi des conseils-généraux et d'arrondissement, occupe précisément la place de l'article 47, au titre IV, de la loi des élections.
Les deux articles viennent après les dispositions qui complètent, dans les deux lois,
la formation du bureau. Ils sont placés en
tête des dispositions relatives aux *scrutins*;
chacun suivi, en effet, de l'énonciation des
cas, qui ne sont pas rares, où il y a lieu à
plusieurs tours de scrutin (1). Par où il n'est
plus possible de douter qu'ils n'enferment,
dans leurs termes identiques, la même signi-
fication légale.

Il est donc avéré par-là même que le bureau de juste-milieu renversé, l'opération
électorale se peut accomplir sans serment.

(1) (Art. 45 de la loi des conseils généraux de département et des conseil d'arrondissement :) « La pré-
sence du tiers plus un, des électeurs inscrits sur les
listes, et la majorité absolue des votes exprimés, sont
nécessaires au premier tour de scrutin, pour qu'il y
ait élection. Au deuxième tour de scrutin, la majorité
relative suffit, quel que soit le nombre des électeurs
présens. »

Car le bureau définitif une fois installé est juge, aux termes de la loi, *des difficultés qui s'élèvent touchant les opérations du collége ou de la section.* Eh bien! il peut décider qu'il soit passé outre à la réception du vote des électeurs qui auront refusé le serment. De cette manière, la loi du *test* au moins sera comme si elle n'était pas, et la droite n'est plus empêchée d'unir son Contingent à celui de la gauche.

Mais, dira-t-on, les choses peuvent-elles bien aller ainsi jusqu'au bout, non loin d'un préfet zélé ou d'un sous-préfet ardent? Quelque commandant de la force publique n'aura-t-il point l'idée de traiter le collége comme une réunion désormais illégale et séditieuse? Aux Souffre-douleurs du *juste-milieu* qui seraient tentés de faire pareil coup de tête, il n'est besoin que de rappeler ce même article 45 qui attribue au *bureau* le jugement provisoire des opérations du collége; il est ainsi conçu :

« Le président du collége ou de la section
« a seul la police de l'assemblée. Nulle force

« armée ne peut être placée, sans sa réquisi-
« tion, dans la salle des séances ni aux abords
« du lieu où se tient l'assemblée. Les auto-
« rités civiles et les commandans militaires
« sont tenus d'obéir à ses réquisitions.

« Le bureau prononce provisoirement sur
« les difficultés qui s'élèvent touchant les
« opérations du collége ou de la section. »

Si nonobstant, la force brutale envahissait
l'assemblée, la résistance des électeurs serait
de droit et de la plus stricte légalité. L'article 58 de la loi des élections porte que « nul
électeur ne peut se présenter armé dans un
collége électoral. » Mais si les électeurs ayant
pénétré dans le lieu de leurs séances avec
des armes, en faisaient usage contre la force
publique introduite dans le collége en vio-
lation de tous les principes; il n'y a pas un
jurisconsulte, par un magistrat dans le pays,
qui ne prononçât qu'il y a eu crime et meur-
tre de la part des soldats ou des gendarmes,
mais qu'il y a eu défense légitime et droit de
la part des citoyens.

Il y a lieu de croire que ni préfets ni sous-préfets, malgré leur dévouement, n'oseraient tenter l'aventure; quand le conflit ne serait pas d'ailleurs rendu impossible par l'attitude bien aisée à prévoir de la garde nationale. N'est-ce donc pas là cause de la garde nationale même qui serait attaquée dans la personne des électeurs? Que demandons-nous en effet; si ce n'est que les citoyens investis de la charge suprême de sauve-garder la nation avec ses libertés et son ordre public, soient trouvés bons pour concourir au vote de l'impôt dans les élections; si ce n'est que les gardes nationaux soient électeurs en chaque commune de France? Des pétitions à cet effet auront été signées et envoyées aux Chambres, par tous ceux-là qui dans la localité ne se croient pas moins capables ni moins dignes que le *censitaire* leur voisin. On saura le mandat exprès et solennel donné contre le monopole, à des hommes d'honneur qui ne reviendront qu'après l'avoir rempli. Bien sûrement, personne dans le parti royaliste ne révoquera en doute la haute probité de M. Voyer d'Argenson; aucun Français, dans tout le parti libéral, ne soupçonnera la foi politique de M. de Chateaubriand. Ni l'un ni l'autre n'iront se perdre dans la foule de ces parasites qui écorniflent les fortunes et n'assistent jamais aux périls des révolutions (1); l'un pas plus que l'autre ne trafiquera de son vote; ils ne feront pas de leur siége de députés le marche-pied de leur fortune. Aussi tout le pays, tous les gardes nationaux, tous les citoyens se porteront forts pour leurs vrais mandataires. Et devant cette arche d'alliance assise sur quarante ans de probité et de vertus publiques; qu'on juge, s'il se peut, de la démoralisation des préfectures et des brigades de gendarmerie.

Vient ensuite la question, et qu'on peut dire oiseuse, de savoir si l'opération électorale régulière du reste, mais accomplie sans la formalité du serment, sera validée par la Chambre. On comprend que ceci dépendra beaucoup de la majorité, et nous en parlerons

(1) M. de Chateaubriand, *Lettre aux électeurs de Quimperlé*.

tout à l'heure avec développement. Toutefois,
et sur la légalité intrinsèque de l'élection, je
crois que la loi du monopole même fourni-
rait aux *opposans-unis* la plus sérieuse
défense. Si l'on veut en effet lire le *titre* 1ᵉʳ
de cette loi, Rubrique *des* CAPACITÉS ÉLEC-
TORALES, puis le *titre* 2, Rubrique *des* LISTES
ÉLECTORALES ; on trouvera que l'on est *légalement* électeur, inscrit comme tel par le
magistrat compétent, introduit par suite dans
le collége ; et, comme nous avons vu d'autre
part, admis à voter pour la formation du
bureau, sans qu'il se soit encore agi de serment. Il en résulte, tout au moins, que la
qualité d'électeur est acquise, reconnue, publique, indépendamment de cette condition
prescrite par la loi spéciale du 31 août 1830.
C'est ce qui paraît bien au reste, par la *rubrique* sous laquelle se trouve, dans la loi
électorale, l'article du *serment ;* il a été placé
après les *capacités et les listes électorales,*
sous la Rubrique *des colléges électoraux :*
titre mieux exprimé dans la dernière loi des
conseils de département et d'arrondisse-

ment, par ces mots : *De la tenue des assem-*
blées électorales. D'où il suit que le serment
entre bien dans la *tenue* des colléges électoraux, mais comme une formalité de tenue ;
ni plus ni moins que les autres formalités
qui se trouvent comprises au titre 6 *des col-*
léges électoraux.

Or, il s'est vu de flagrantes contraventions
à nombre de ces formalités là ; sans que la
Chambre, saisie du procès-verbal qui les cons-
tatait, soit allée jusqu'à casser l'opération
électorale. C'est ainsi que la Chambre actuelle même, en 1831, a validé l'élection faite
au 4ᵉ arrondissement du département du
Rhône, malgré la lecture d'une dépêche té-
légraphique donnée par le président au collége électoral ; de quoi observation formelle
avait été consignée au procès-verbal, et ce qui
était contraire à l'article 40 bien exprès. « Ils
« ne peuvent (les colléges électoraux) s'oc-
« cuper d'autres objets que de l'élection des
« députés. Toute discussion, toute délibéra-
« tion leur sont interdites. » On se souvient
que la dépêche était relative aux troubles de

Paris, et avait eu pour objet de remonter l'esprit des électeurs du juste-milieu. Le *Moniteur* fait foi qu'en plusieurs colléges cette contravention eut lieu, et que les élections furent maintenues. D'autres contraventions, comme celle de *deux scrutins en un jour* défendus par l'art. 57 (1), n'entamèrent pas davantage le fond de l'opération électorale. Cependant les formalités des art. 40 et 57 sont prescrites de la même manière, au même titre, rangées sous la même *rubrique* dans la loi, que la formalité du serment. C'est donc que la non-prestation du serment électoral ne vicie pas nécessairement l'élection. Nous en pouvons donner une preuve plus directe, prise encore de la Chambre de 1831; et, dans cette Chambre, de la personne du ministre actuel de l'instruction publique, M. Guizot. C'est le *Moniteur* qui parle : (séance du 26 juillet.) « VAR. — *M. Guizot rapporteur :*

(1) Art. 57 : « La session de chaque collége est de dix jours au plus. Il ne peut y avoir qu'une séance et un seul scrutin par jour. »

« M. Bernard a été élu par le second collége
« de Toulon. Il se trouve dans le procès-
« verbal une légère irrégularité. Dix élec-
« teurs nouveaux se sont présentés le second
« jour; la mention de la protestation de ser-
« ment devait se trouver au procès-verbal;
« elle ne s'y trouve pas... Du reste l'opération
« est régulière. »

Maintenant; j'ai grande hâte de pénétrer
dans l'enceinte même de la chambre, où il
aura bien fallu apparemment convoquer, sur
lettres-closes, tous les députés régulièrement ou illégalement nommés. Car j'ai entendu des hommes graves se mettre fort en
peine de ce que les élections consommées à
l'encontre du monopole, ne seraient peut-
être après tout que des triomphes à huis-
clos, qui n'auraient pas puissance de venir
se proclamer à la tribune de la chambre, en
séance publique et avec solennité. C'est là,
il faut le dire, une préoccupation bien dé-
pourvue de mémoire et de tout souvenir.
Rappelons les faits. A l'ouverture de la première session, la nouvelle assemblée se forme

en *bureaux* (1); et les procès-verbaux des collèges, suivant un certain ordre, sont répartis entre tous ces bureaux. Chaque bureau nomme un rapporteur; et il n'y a pas un seul procès-verbal d'élection, de quelque vice radical qu'on le suppose entaché, qui ne donne lieu à un *rapport*, séance publique. Remarquez qu'au premier rapport qui se fait, il n'y a point encore de pouvoir vérifié, qu'aucun député n'est encore légalement reconnu comme tel; et pourtant tous les membres présens demandent la parole et l'obtiennent sans aucune difficulté. Non seulement les députés parlent avant d'être reconnus, mais ils votent. L'on comprend que sans cela, la chambre n'aurait pas même moyen de se constituer; puisque l'admission du premier de ses membres jusqu'à celle du dernier, doit

(1) A l'ouverture de la session de 1831, M. le président d'âge Duchâtel ne faisait même aucune difficulté d'inviter la Chambre, sans un seul pouvoir vérifié encore, et dès sa première réunion dans les bureaux, à nommer *la commission des pétitions*. (Voyez *le Moniteur* du 26 juillet 1831.)

être mise aux voix et se décide quelquefois au scrutin secret.

Voilà donc qui répond d'abord à l'objection tirée de ce que les députés élus sans serment, n'ayant de pouvoir vérifié, viendront échouer au pied de la tribune. Le député a droit, bien au contraire, de parler sur tous les *rapports,* sur celui qui le concerne comme sur les autres. Je crains de paraître hésiter sur ce principe général, en apportant un exemple particulier. Mais je le cite, parce qu'il appartient à la majorité actuelle, et que MM. Mahul et Viennet y ont figuré sans réclamation. Je copie le *Moniteur.* (Séance du 26 juillet 1831.):

« M. Giraud (*d'Angers.*), présente à la « chambre le rapport de l'election de M. Joly, « nommé par l'arrondissement de Pamiers. (*Arriège.*)

« M. Mahul. Je demande la parole.—On « vient de conclure à la validité de l'élection « de M. Joly (bruits divers). Je crois que la « chambre n'est pas en mesure, dans le mo- « ment actuel, de prononcer définitivement

« sur la VALIDITÉ DES OPÉRATIONS DU COLLÉGE
« qui a nommé M. Joly (Long discours de
« M. Mahul; non *vérifié* lui-même).

« M. VIENNET : Je viens m'opposer au
« sursis qui vous est demandé..... (*Discours*
« *de M. Viennet,* non *vérifié*).

« M. JOLY (*de l'élection duquel il s'agit*)
« monte à la tribune (Bruits divers). Quelques
« voix : Laissez parler, écoutez!—M. JOLY an-
« nonce à la chambre qu'un rhume assez vio-
« lent l'empêche de se faire entendre, et après
« avoir réclamé un instant d'attention, il con-
« tinue : (Long discours non interrompu de
« M. Joly).

Veut-on aller jusqu'à l'argutie, et distin-
guer entre les causes qui peuvent invalider
le mandat? Eh bien! je n'emprunte plus à
la majorité actuelle ses propres exemples;
sans doute elle ne récusera pas ceux de la
formidable majorité de M. de Villèle en 1824.
Le vendredi 26 mars de cette année-là;
aussitôt que M. Dudon eut élevé contre
l'élection de M. Benjamin-Constant, la
cause de l'*incapacité radicale* de l'élu en ce

qu'il n'était pas *Français;* M. Benjamin-Constant demanda la parole et l'obtint sur le champ. Le *Moniteur* du 27 mars 1824 en fait foi.

M. Benjamin-constant : « Messieurs, la « justice de l'assemblée me pardonnera sans « doute les détails dans lesquels je serai « obligé d'entrer..... Elle me pardonnera aussi « de n'être pas préparé, car je n'avais été pré-« venu que vaguement de l'attaque qu'on « vient de faire contre moi.... et je me trouve « ainsi privé d'une grande partie des moyens « que j'ai à opposer à ce que vous venez d'en-« tendre. »

La Chambre renvoya même la séance au lendemain, pour que M. Benjamin-Constant eût le temps de se préparer et ne fût privé d'aucun de ses moyens (1). Aussi en fut-elle

(1) Pour l'instruction de la Chambre de 1835, il n'est pas inutile de mentionner l'éclatant hommage que B. Constant rendit le lendemain à la majorité de ce temps-là : « MM. je commencerai par remercier la Chambre de la loyauté avec laquelle elle a bien

bien récompensée! Elle entendit le lendemain 27 mars, un des plus beaux discours
qui soient sortis de la plume de ce puissant
écrivain; et l'on doit se rappeler qu'après un
long et savant rapport de M. de Martignac,
Benjamin-Constant fut proclamé député de
la France, bien plutôt parceque son aïeul
avait, à la bataille de Coutras, sauvé la vie
de notre Henri IV, que sur la preuve de sa
qualité légale de citoyen français.

Voici donc incontestablement les députés
que le pays envoie pour détruire le monopole; les voilà, dis-je, non point à la barre,
mais à la tribune de la Chambre. Nulle puissance au monde, encore un coup, ne saurait
les empêcher d'y atteindre. Qu'on y fasse attention. Il ne s'agit pas encore du serment
qui sera demandé et que ne voudra pas prêter, du cens qui sera exigé et dont ne voudra pas justifier, le député ayant mandat ex-

voulu m'accorder, hier, un délai qui, je l'avoue,
m'était nécessaire...... (Voyez le *Moniteur* du 28
mars 1824.)

près contre le *cens* et le *serment.* Il s'agit uniquement de la validité ou de l'invalidité de l'opération électorale, toujours jugée en elle-même, à part de la *prestation du serment* et de *la justification du cens,* qui ne peuvent même être demandées qu'après l'opération électorale reconnue valide. Cette division est trop connue, trop vulgaire pour que nous y insistions. Tout le monde a retenu ce protocole de la *Présidence d'âge* : « L'élection de tel collége est régulière; l'*ad-* « *mission* de M. un tel est ajournée jusqu'à « ce qu'il ait produit ses pièces, *certificat de* « *contributions et autres :* » *et cet autre protocole encore,* « MM. tels et tels sont pro- « clamés membres de la Chambre des dé- « putés; ils sont admis au serment. »

Il est vrai qu'à la rigueur et selon nous-même, le député qui a la parole sur la validité d'une opération électorale, doit se tenir dans cette question et n'en pas sortir. Mais outre qu'une fois à la tribune, on dit tout ce qu'on a le courage et le talent d'y faire entendre; il se trouve que la question du *ser-*

ment y viendra toute entière et le plus natu-
rellement du monde, puisque les opérations
électorales dont il s'agit seront précisément
attaquées, faute par les électeurs d'avoir *juré.*
Quant au *cens* de l'éligibilité, justifié ou non,
il est sans doute étranger à ce qui s'est passé
dans le collége électoral; mais l'on ne peut
nier, au moins, qu'il ne soit un des carac-
tères du mandat des électeurs. Si ce mandat est donné contre le *cens,* en termes exprès, et selon le beau modèle dressé pour
M. de Chateaubriand (1), par la Bretagne
sa patrie; ne sera-ce point là un mandat spé-
cial, *impératif,* dont le caractère rigoureux
fait partie de l'élection même? C'est encore
à la Chambre actuelle, et à un homme de la
majorité doctrinaire que je veux m'adresser

(1) « Nous....., etc., avons donné mandat formel à
notre député près la Chambre législative, de faire tous
ses efforts pour détruire le monopole et le serment, qui
sont contraires à tous les droits comme à tous les intérêts de la France, afin que nous puissions obtenir une
Chambre qui étant nommée par tous les contribuables,
soit la représentation véritable de la nation française. »

à cet égard. On se souvient des mandats qui furent donnés contre l'hérédité de la pairie, à la dernière élection. Les députés de l'Ain eurent des mandats impératifs sur ce point; et lorsque leur élection fut *rapportée* à la Chambre, M. Lepelletier-d'Aulnay demanda la parole. Je cite son discours, non pas seulement parce qu'il prouve qu'on peut assez bien s'expliquer sur la nature des mandats confiés aux députés, pendant que la Chambre vérifie ou avant même qu'elle ne vérifie les pouvoirs de ses membres; mais aussi parce que le fond même des doctrines professées alors nous servira beaucoup l'année prochaine.

M. Lepelletier-d'Aulnay : « Avant de donner un vote (1) dans la vérification de nos pouvoirs, je crois qu'il nous convient à tous, qu'il importe à la considération dont cette Chambre doit jouir pour produire le bien qu'on attend d'elle, que, dès le com-

____

(1) L'élection du département de l'Ain fut en effet la première *rapportée* à la Chambre de 1831.

mencement de ses travaux, chacun recon-
naisse la volonté de la Chambre de maintenir
intacts tous les principes posés par la Charte
constitutionnelle; que personne ne soit en
droit de douter que l'art. 16 de la Charte ne
reçoive ici sa pleine et entière exécution;
c'est-à-dire que tout projet de loi, après avoir
subi l'épreuve d'une discussion publique, y
sera ensuite librement voté. S'il pouvait en
être autrement, la loi ne serait plus l'ouvrage
de la raison et de la sagesse, elle perdrait
l'empire qu'elle doit avoir sur tous les esprits
(Mouvemens en sens divers). Il est incontestable que c'est à ses opinions, encore plus
qu'à ses talens, que le député doit son élection. Mais il est également vrai que l'élection est un acte de confiance FAIT EN VUE DU
BIEN DU PAYS, et qui ne comporte pas le mandat impératif. (Ecoutez! écoutez!... Plusieurs
voix: C'est cela!)

*M. de Podenas et plusieurs membres de
l'extrême gauche :* Ce n'est pas la question.
Attaquez-vous les élections de ce département?

M. Lepelletier-d'Aulnay : Je ne con-
teste nullement les élections du département
de l'Ain. Mais vous reconnaîtrez avec moi,
Messieurs, que le maintien de nos libertés
repose dans la discussion libre. Il est vrai
qu'elle sera libre ici. J'en ai la conviction;
(oui! oui!) et cette conviction, je veux qu'elle
passe dans tous les esprits... Voilà la seule
raison qui m'a fait monter à la tribune..... »
(*Moniteur* du 26 juillet 1831.)

Si M. Lepelletier-d'Aulnay a pu attaquer
les mandats impératifs; il était, il sera sans
doute loisible de les défendre, ou de s'expliquer à ce sujet enfin. Mais est-il donc besoin de faire sortir la question du *serment
et du cens*, de l'examen des opérations électorales? Ne saurait-on venir à découvert, la
tête haute; protester solennellement à la tribune contre le *cens* exigé pour être *admis*,
contre le *serment* demandé avant de *siéger?*
Qui donc nous en empêcherait? Prenez garde
que nous pouvons être régulièrement élus,
investis d'un mandat légal, reconnu, vérifié
par vous-mêmes? Pour le *cens*, particulière-

ment, il en sera toujours ainsi. L'opération électorale sera validée par la Chambre, et le pouvoir vérifié par elle ; sauf l'*admission* après que le député aura justifié qu'il paie cinq cents francs de contributions. Pour le serment ; il se pourrait que la Chambre se trouvât fort empêchée d'invalider un certain nombre d'élections, où le procès-verbal du *bureau* ne mentionnerait pas le serment des électeurs. Je crois en avoir donné quelques raisons qui ne sont pas les seules ni les meilleures peut-être. Mais à coup sûr la Chambre ne saurait faire autrement que de vérifier une élection où l'on aurait *juré* conformément à la loi ; après que par la presse, ou une autre voie, on se serait expliqué selon son droit. Eh bien! en ce cas là, je demande encore une fois qui empêcherait les députés envoyés contre le monopole, de remplir à la tribune les fins de leur mandat! Car enfin le caractère, le *pouvoir* de député leur est acquis, par cela seul que leur élection est régulière et valide. Pour revêtir ce caractère et exercer ce pouvoir dans la Chambre, il leur faut le *serment* et le *cens* : à la bonne heure! Mais ils ont, sans cela, et caractère et pouvoir de représentans. C'est bien quelque chose après tout; et si dans la Chambre l'on parle et l'on vote , sans qu'il soit seulement constaté que vous ayez eu une majorité électorale en votre faveur; il serait par trop absurde que des hommes pourvus d'un mandat régulier et vérifié, ne pussent y obtenir la parole pour se défendre.

Que disent donc les lois du monopole elles-mêmes :

L'article 3 de la loi du 31 août 1830 porte :

« Nul ne pourra siéger dans l'une ou l'au-« tre Chambre, s'il ne prête le serment exigé « par la présente loi. »

L'article 61 de la loi des élections porte :

« La Chambre des députés est seule juge « des conditions d'éligibilité. »

Mais apparemment, pour que la Chambre refuse à un député le siége qui lui appartient parmi ses pairs; pour que cette Chambre juge un mandataire du pays inéligible, ce qu'elle seule doit juger; il faut au moins qu'elle écoute ce que le député menacé d'exclusion et le citoyen *élu,* si non éligible, peuvent avoir à lui dire. Autrement elle aura exclu et interdit, jugé enfin sans entendre.

C'est une question différente de savoir jusqu'où ils doivent être écoutés contre les deux lois spéciales du 31 août 1830 et du 19 avril 1831. Quoi qu'ils aient à dire, c'est bien le moins qu'on ne leur ferme pas la bouche avant qu'ils n'aient parlé. Et en vérité, je ne crois pas que le juste-milieu s'en avise. C'est qu'en effet, outre tout ce qu'on a à dire contre le serment de fidélité quand on s'appelle Chateaubriand, contre la capacité censitaire quand on se nomme Berryer; il y a un certain discours de M. Lepelletier-d'Aulnay, dont je me chargerais de tirer assez passablement parti contre une représentation censitaire et assermentée. N'est-ce donc pas aussi un véritable mandat impératif, que ce *serment de fidélité* qu'on exige? Qu'est-ce autre chose, dans les Chambres actuelles, que subordonner son vote et sa conscience de député, non pas à la volonté de ses commettans, mais à la stabilité d'un règne politique?

Qu'est-ce autre chose que limiter *l'épreuve d'une discussion publique* et la *liberté des votes*, non par des résolutions prises et consignées dans un mandat électoral, mais par les conditions nécessaires et inhérentes à la monarchie du 7 août? Avec le *serment de fidélité*, on est donc aussi *en droit de douter que l'art.* 16 *de la Charte reçoive sa pleine et entière exécution, c'est-à-dire que tout projet de loi, après avoir subi l'épreuve d'une discussion publique, y sera ensuite librement voté* (1). Car, en dernière analyse, un *projet* que la Chambre aurait jugé contraire à l'établissement dynastique, et favorable pourtant au bien du pays ; la Chambre assermentée ne le pourrait *voter* sans trahir son *serment,* ce qui empêche qu'il ne soit *librement voté.* C'est donc qu'en *jurant,* elle a dans la réalité accepté le *mandat* de conserver la dynastie. Or, pour mon compte, je ne me défendrais pas du *serment de fidé-*

(1) *Voyez* le discours de M. Lepelletier-d'Aulnay, rapporté plus haut.

lité, par d'autres paroles de réprobation légale que celles de M. Lepelletier-d'Aulnay lui-même, approuvées par la majorité du 13 mars dont il fait partie. J'accuserais le *mandat impératif* de conserver le gouvernement établi, comme il accusait le *mandat impératif* de changer la pairie existante; à savoir, comme inconciliable avec la *considération de la Chambre*, avec le *bien qu'on attend d'elle;* avec *la volonté de la Chambre* enfin *de maintenir intacts tous les principes posés par la Charte constitutionnelle,* où ne se trouvent en définitif ni le principe du *serment* ni le principe du *cens,* tandis que le principe du *libre examen et du libre vote* y est écrit tout au long et lui sert de fondement. Je ne demanderais pas autre chose que ce que demandait M. Lepelletier-d'Aulnay dans la séance du 25 juillet 1831; à savoir que l'élection fût uniquement réputée UN ACTE DE CONFIANCE FAIT EN VUE DU BIEN DU PAYS.

Je ne dis qu'un mot du *cens.* Si la Chambre *admettait* sans serment, elle n'exigerait

certainement pas de justification censitaire.
Le *cens* vicie bien autrement la *représentation* que le *serment*. La représentation assermentée est une représentation restreinte ;
la représentation censitaire est radicalement
fausse. Dans le premier cas, il y a un double
mandat qui se contrarie. Dans le second, il
y a faux mandat, faux députés, faux électeurs : tout y est déception et mensonge. La
meilleure preuve, au reste, que tout cela se
peut soutenir à la tribune ; c'est qu'il suffirait
d'une majorité pour que tout cela obtînt force
de chose jugée. Car la Chambre peut bien
demander le *serment* pour autoriser à siéger,
puis exiger la justification du *cens* pour admettre un membre dans son sein. Mais si
elle-même ne voulait ni jurer ni établir ses
contributions ; aucun pouvoir dans l'Etat ne
saurait l'y contraindre, et d'un seul coup
elle aurait fait table rase du monopole.

Je ne finirai pas sur ce point sans rappeler l'espèce d'indifférence avec laquelle
s'accomplit d'ordinaire cette formalité du
serment. On ne dirait guère que ce fût là

une condition si rigoureuse du droit parlementaire. A la séance royale, LE GARDE DES
SCEAUX lit la formule du serment, et fait l'appel de tous les membres de la Chambre. Ré-
pondent *je le jure!* ceux qui sont présens et
veulent bien répondre. Il n'en est tenu aucune note, et la présomption est que chacun
a juré. Aussi trouvons-nous, dans la séance
du 28 juillet 1831, cette curieuse interpel-
lation de M. le président : « J'invite ceux
« de MM. les députés dont l'admission a été
« prononcée, et qui n'ont pas encore prêté
« serment, à vouloir bien se faire connaî-
« tre. » (*Moniteur* du 29 juillet 1831.) On
peut se convaincre également que, dans cette
Chambre si bizarrement dynastique aujour-
d'hui, un député, M. Taillandier, a été admis et a fonctionné plusieurs jours sans avoir
prêté son serment. Il fut admis à la séance
du 26 juillet; et ce ne fut que le 30, par
hasard, qu'on se souvint qu'il n'avait pas
rempli la formalité prescrite pour *Siéger*. Enfin l'on peut se souvenir que le 23 juillet
1831, M. Périer qui, comme président du

conseil, fit l'appel des députés à la SÉANCE ROYALE, ne se nomma point lui-même, et par suite ne prêta pas de serment.

Hé bien, après tout, nous dit-on : « La « Chambre trouverait alors dans son énergie « et dans le sentiment de son devoir, le « moyen de réprimer une telle audace, et de « réduire les factieux à l'accomplissement de « conditions, sans lesquelles la loi ne con- « naît pas de députés. » A la bonne heure! ce langage est ferme et digne; il va bien aux grands cœurs du *Journal de Paris*, aux fiers courages du *Journal des Débats*, à la crânerie doctrinaire de M. Guizot. Je ne suis embarrassé que d'une chose, c'est de savoir si la Chambre montera à cheval. Car nous n'avons pas sorti du *chemin couvert de la légalité*, nous sommes toujours dans les règles d'une *stratégie légale*, contre quoi ne peut absolument rien toute l'énergie des sentimens de la Chambre. Et d'abord, j'admets que la majorité fasse saisir sur leurs siéges et consigner au Palais-Bourbon, les cent cinquante membres, plus ou moins, de l'*opposition unie*.

Il y a à parier que l'on ne manquera pour cela, ni d'huissiers ni de sergens-de-ville. Voilà donc, j'en conviens, la majorité sans contradicteurs. Mais comment la minorité sera-t-elle amenée à remplir les *conditions du cens et du serment?* En effet, cette minorité est nécessaire à une représentation même fictive; à une Chambre, même dans le monopole constitutionnel. *Majorité et minorité* sont, on le sait bien, deux termes essentiellement corélatifs, dont l'un ne peut se passer de l'autre pour conserver quelque valeur. Il n'y a point de majorité sans minorité, comme il n'y a point de minorité sans majorité. Or, la minorité est exclue et jugée; mais cela ne fait pas qu'elle *prête serment* ni qu'elle *justifie du cens*, ni par conséquent qu'elle concoure à faire qu'il y ait majorité parlementaire. Pour le pays, d'ailleurs, il n'y a ni majorité ni minorité; il y a une Chambre, une Assemblée, ou il n'y en a pas. Or, il n'y a ni Chambre, ni assemblée, ni représentation quelconque; alors qu'une portion du Corps législatif, si petite qu'elle soit, se trouve exclue ou interdite. Le gouvernement, lui, n'a besoin que d'une majorité dans la Chambre pour se maintenir; mais la Chambre ne peut pas, elle, se constituer avec une simple *majorité de colléges*, parmi ceux qui doivent concourir à l'élection. Mais point de Chambre ; point d'impôt, point de contribuables.

Il y a cependant une dernière ressource, légale ou non, où le juste-milieu ne saurait guère être empêché de recourir, la *convocation des colléges électoraux de la minorité*. En un cas moins pressant, nous observerions qu'il n'y a pas lieu à convoquer ces colléges; que des élections une fois validées et reconnues régulières par la Chambre, ne peuvent plus être annulées par personne, sous prétexte du *refus de serment* et de l'*inexhibition censitaire*, et à plus forte raison ne peuvent pas être considérées comme nulles par le gouvernement. Tout ce qu'est en droit de faire la Chambre, et la Chambre toute seule a juridiction à cet égard; c'est refuser son siége au député qui ne jure pas, c'est ne point admettre l'élu, l'homme de la majorité

électorale qui ne justifie pas de ses contributions. Les deux lois du 31 août 1830 sur le
serment, et du 19 avril 1831 sur les *élections*, n'autorisent rien de plus dans leurs
termes les plus rigoureux.

Mais les colléges électoraux veulent bien
s'assembler de nouveau ! A quoi cela peut-il
aboutir, si les mêmes électeurs renvoient nécessairement les mêmes députés aux mêmes
conditions ? Il devient seulement, par-là, un
peu plus clair qu'une partie, sinon du pays,
au moins des colléges, n'entend point concourir à une représentation censitaire et assermentée. Or, il y a bien une majorité et
une minorité électorales au sein de chaque
collége ; mais la loi politique ne connaît ni
majorité ni *minorité* des colléges électoraux
pris ensemble. Le concours de la majorité
constitutionnelle dans la Chambre, suppose
bien le concours de la majorité des citoyens
dans le pays ; mais il n'y a concours d'une
majorité constitutionnelle au gouvernement,
qu'à la condition du *concours*, non pas de
la *majorité*, mais de *l'universalité* des col-

léges à l'élection. Donc point de concours
d'une partie des colléges à la représentation
telle quelle du pays; plus de concours pré-
sumé de la majorité des citoyens au gouvernement établi (1). Comme nous voulons être
jusqu'au bout dans la légalité la plus rigoureuse, nous ne dirons pas qu'il doive y avoir
au contraire un refus de concours bien éner-
gique de la part de la France en masse, pour
qu'une partie seulement des colléges censitaires de la classe moyenne refuse de *concourir* aussi. Du moins sommes-nous fondés à
dire que, la présomption légale du concours

(1) Il n'est pas inutile d'entendre l'éditeur royal,
M. Pepin, sur l'importance des *majorités effectives*,
comme il les appelle :

« Pour une société avancée en civilisation, dont tous
les individus deviennent chaque jour serrés et rappro-
chés de plus en plus ; le pouvoir, c'est-à-dire ce qui
dirige le plus grand nombre, ne peut être tellement
isolé du plus grand nombre, que l'action de l'un soit
complètement indépendante de l'action de l'autre. La
majorité *effective*, quoiqu'elle n'intervienne pas directement et immédiatement dans les affaires, n'en

des citoyens étant détruite, il y a nécessité de s'adresser au pays lui-même pour savoir ce qui en est.

A moins que les colléges qui auront récidivé leur mandat contre le *cens* et le *serment*, ne soient mis hors les lois et la Charte; que les formes constitutionnelles ne soient supprimées pour les départemens coupables de lèze-représentation *censitaire* et *assermentée !* Auquel cas la France verrait s'il lui convient de faire d'une partie de son tersitoire et de sa population, soit un royaume annexé comme l'Irlande avec ses lois d'ex-

exerce pas moins presque continuellement une influence plus ou moins sensible d'abord sur la majorité légale, et par suite sur les gouvernans, qui dans le gouvernement constitutionnel sont le produit et le reflet de la majorité légale. La majorité *effective* surveille donc sans cesse les actes du petit nombre; elle modifie ces actes par la publicité, par la presse, par l'opinion, de telle sorte qu'il soit impossible que le *petit nombre*, à moins d'être frappé de vertige, *essaie de gouverner* contre les intérêts généraux et contre la nation elle-même, *sous peine de cesser d'être*.

ception, soit un État tout différent comme le Hanôvre avec son gouvernement à peu près absolu; où les préfets auraient carte blanche, comme les vice-rois anglais à *Dublin* et à *Hanau!* Nous ne voyons pas bien, quant à nous, où le juste-milieu trouverait désormais à abriter son existence légale; entre une représentation mutilée et par conséquent nulle, et un pays qui aurait non pas précisément refusé son concours, mais cessé de le faire présumer fictivement; de la seule manière, au reste, dont ce pays fût appelé et pût se refuser à concourir. L'olygarchie régnante serait ainsi prise dans ses propres filets, perdue dans ses propres fictions!

Donc, quoi que pût *trouver la Chambre dans son énergie et le sentiment de son devoir,* les affaires de l'*opposition unie* se trouveraient singulièrement avancées par cette marche stratégique de 1834. Quand au pis aller, la Chambre monterait à cheval avec le tiers-parti lui-même, pour vaincre le *refus de payer des contribuables* ou le *refus de concours du pays;* il semble assez mal aisé d'empêcher que le pays n'arbore, en 1835, le drapeau neutre d'une *assemblée nationale* où fut la citadelle du *monopole*.

CHAPITRE III.

Et le duc d'Orléans négociait, hésitait, délibérait, menaçait encore, quand le duc de Beaufort entra au Luxembourg, pâle et la figure abattue ; et il lui apprit que tout était dit, que la Fronde était morte et que le roi de France était aussi le roi de Paris. ...... C'était en 1652.

(A. Nettement, *la Dernière scène de la Fronde.*)

Le fils de Louis-Philippe Egalité devint roi après avoir passé par des fortunes contraires ; et peut-être la dernière de ces fortunes ne fut pas plus heureuse ; car c'est une fatale destinée que de se faire roi chez un peuple qui a des passions mobiles, des souvenirs vivaces et des haines profondes.

(Laurentie, *Histoire des ducs d'Orléans.*)

Ai-je besoin d'ajouter qu'une si grande action ne se peut poursuivre avec quelque chance de succès, sans l'accord le plus intime au sein du parti royaliste, entre ses organes divers? Ce n'est pas à dire, toutefois, que des journaux indépendans et des hommes distingués doivent se tenir à l'étroite consigne d'un mot d'ordre, ni marcher dans un alignement de rigueur, comme des troupes réglées. Il y a sans doute l'individualité des esprits et l'inspiration des consciences qu'il faut savoir respecter. Mais je n'entends pas me faire, en terminant, le casuiste d'une grande et honorable politique; ni je ne veux par conséquent résoudre ici des *cas d'opinion*. Plusieurs dissidences, au reste, ont déjà disparu des questions capitales. Les uns ont compris que *jurer*, en déclarant le sens où l'on *jurait;* c'était remplir une formalité légale, quelquefois nécessaire, en détruisant toute la moralité du serment. Les autres ont reconnu que ne pas *jurer*, était la disposition universelle et dominante du parti royaliste. N'y a-t-il pas aussi des noms qui en sortant de l'urne électorale, expliqueraient à eux tout seuls, le serment des électours et l'engagement du député? Il est clair enfin que sur cette matière, bien des avis peuvent être soutenus de bonne foi, et suivis sans inconvénient(1).

Il n'y a qu'un point où il se faut rallier sous peine de mort; c'est le *non concours* électoral et parlementaire, dans les termes où ce concours est établi et demandé. Si l'on veut que l'ordre censitaire et assermenté du 7 août tombe devant le *refus de concours du pays,* comme la restauration a succombé sous le *refus de concours d'une Chamdre;* hommes du pays, commencez par ne pas concourir vous-mêmes! Or, *jurer* avec explication, ou ne pas *jurer* du tout, ou nommer un

(1) Il serait nécessaire d'organiser en chaque arrondissement et près de tous les colléges, un *bureau consultatif* où les citoyens trouveraient la solution des difficultés qui pourraient les arrêter encore dans l'opposition que nous avons essayé de faciliter au chapitre précédent. C'est ce bureau qui devrait déclarer, en toute connaissance de cause, la dernière résolution des électeurs en chaque localité, après avoir levé tous les scrupules particuliers.

homme comme M. de Chateaubriand qui ne jurera jamais; c'est toujours refuser de concourir dans les termes où le concours est demandé par la loi du *serment*. C'est ainsi que la *minorité-unie* ne viendra pas à la Chambre, pour déposer ses cent cinquante boules noires, plus ou moins, contre le budget du monopole; il y aurait là concours. Tout au contraire; son mandat exprès sera d'y protester, en se retirant, contre la représentation incomplète et fausse du pays, inhabile dès lors à voter le budget. C'est ensuite aux contribuables de mettre, s'ils le veulent, un refus de l'impôt au service de ce refus de concours. La *minorité-unie* aura fait son devoir et rempli sa mission. J'ai dit ailleurs ce qui en pourrait advenir; et depuis que cet écrit est commencé, les déchiremens intérieurs du juste-milieu ont été moins étrangers qu'on ne pense, à cette véritable Synthèse de 1834; le renouvellement intégral de la Chambre des députés.

Que, s'il pouvait entrer en des esprits royalistes, de venir en 1835 jouer encore à la représentation nationale, dans l'enceinte des *capacités par privilége* et des *fidélités par serment;* un pareil jeu serait évidemment en dehors de la double ligne politique que nous venons de tracer, hors de la ligne libérale comme de la ligne royaliste. Ceux-là porteraient un coup mortel à leur propre parti, qui seraient censés faire ses affaires, par leurs discours et leurs votes quelconques, dans une nouvelle assemblée du monopole. Après tout ce qui a été dit; je ne reviendrais pas sur ce point, sans les bruits d'un changement partiel dans le *Conseil,* et d'une combinaison de *tiers-parti* qui s'accréditent à l'heure qu'il est. Pour une situation différente, il peut en effet convenir à une opposition comme à une armée de changer sa ligne d'opérations. Mais est-ce donc une situation différente que M. Bignon à la place de M. de Broglie, M. Bérard à la place de M. d'Argout, M. Dupin ou M. Barrot lui-même à la place de M. Barthe?

J'oserais affirmer que tous ces bruits passeront; et que surtout la pensée immuable ne s'abandonnera pas elle-même jusqu'à élargir, quelque peu que ce fût, le cens électoral. Mais quand enfin la législature de 1834 serait nommée par quatre cent mille électeurs, au lieu de cent cinquante mille; aurions-nous pour si peu l'expression plus exacte d'un pays de trente-deux millions d'hommes? Qu'est-ce qu'une Chambre plus avancée de deux cent mille voix vers le vote universel de France? Est-ce que nous ne serions pas toujours dans le cercle vicieux d'un absurde *milieu*, dans les liens d'une fiction menteuse et d'un privilége impossible? Or, c'est au lien féodal du serment, c'est au privilége censitaire que nous faisons la guerre; c'est en un mot le principe du *cens* et du *serment* qu'il nous faut détrôner, pour la représentation comme pour la monarchie. La situation ne peut donc vraiment changer que par la venue d'une assemblée nationale.

Du reste, l'opinion ne paraît guère se préoccuper plus que nous-même, des changemens que l'on annonce. Il a été dit souvent que le règne du juste-milieu ressemblait beaucoup aux troubles de la Fronde; et cette observation est pleine de justesse. Il y a du moins un rapport sous lequel les gouvernans, aux deux époques, ne sauraient se renier les uns les autres. Quand Gaston d'Orléans découvrait quelque intrigue par où le Parlement s'éloignait du *parti du bien public,* et par où aussi MM. de la Grand'chambre se rapprochaient du roi; Gaston faisait mine de vouloir recommencer les *Seize,* et l'on voyait par les rues des enfans qui traînaient des piques contemporaines de la ligue. A chaque fois que la majorité est venue contrarier sur quelque point ou inquiéter par quelque combinaison de tiers-parti, nos gouvernans de 1830, le juste-milieu n'a jamais manqué de se prendre à effrayer et l'assemblée et le public, par l'évocation de ministères successifs qui iraient aboutir aux *Jacobins.* Tant que l'émeute a vécu, elle a admirablement servi dans les rues à rappeler la milice des clubs et des comités de 1793. Mais on avait lieu de croire cette ressource usée, et tous les Gastons percés à jour. Il n'est pas en effet au pouvoir du juste-milieu de recommencer les Jacobins, pas plus qu'il n'a été au pouvoir de la Fronde de recommencer les Seize. Eh! qui ne voit que la dernière scène du monopole est près de finir! Par toute la France il n'y a plus qu'une question à l'ordre du jour : *Quand la Chambre nationale viendra-t-elle ?* En vain M. Dupin se fâche et M. Bignon intrigue; personne dans le pays ne songe à se porter pour le tiers-parti contre le 13 mars. Paris et le royaume entier ne se demandent qu'une chose : *quand la Chambre nationale viendra-t-elle ?* Que si le *parce que* cédait la place au *quoique,* tout le monde crierait encore plus haut : *Quand la Chambre nationale viendra-t-elle ?*

Pendant que le juste-milieu *négocie* donc, qu'il *délibère,* qu'il *hésite* ou qu'il *menace;* la Fronde de juillet aussi s'en va mourir, et l'assemblée n'est pas loin qui peut déclarer que *le roi de France* est encore *le roi de Paris.*

C'est pourquoi j'ai osé sortir des rangs de cette grande armée royaliste où je ne suis qu'un soldat, et mettre à *l'ordre du jour* ce que d'autres plus habiles et plus éloquens sans doute y auraient mis mieux que moi.

Paris, 24 janvier 1834.

FIN.